CATALOGUE

DE

LIVRES ANCIENS

DE CHOIX

MANUSCRITS ET IMPRIMÉS

FAISANT PARTIE DE LA

BIBLIOTHÈQUE DE M. DE SINÉTY

DONT LA VENTE AURA LIEU

Le Lundi 7 Juin 1880 et les trois jours suivants
à 2 heures précises.

Hôtel des Commissaires-Priseurs, rue Drouot, 9

Au premier, Salle n° 3

Par le ministère de M⁰ Maurice **DELESTRE**, commissaire-priseur

Successeur de M⁰ Delbergue-Cormont

Rue Drouot, 27

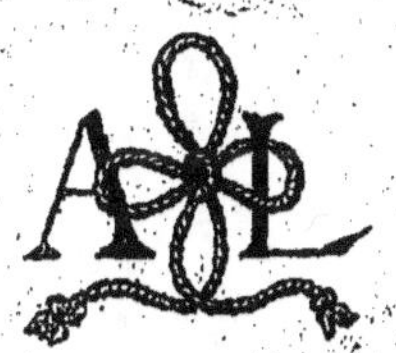

PARIS

ADOLPHE LABITTE

LIBRAIRE DE LA BIBLIOTHÈQUE NATIONALE

4, Rue de Lille, 4

1880

CATALOGUE

DE

LIVRES ANCIENS

DE CHOIX

MANUSCRITS ET IMPRIMÉS

FAISANT PARTIE DE LA

BIBLIOTHÈQUE DE M. DE SINÉTY

CONDITIONS DE LA VENTE

La vente se fait expressément au comptant.

Les acquéreurs paieront cinq pour cent applicables aux frais.

Il y aura, chaque jour de vente, exposition de une heure à deux des livres qui seront vendus dans chaque vacation.

Les livres sont garantis complets et en bon état, sauf indication contraire.

Les réclamations devront avoir lieu dans les vingt-quatre heures de l'adjudication ; passé ce délai ou une fois sortis de la Salle de vente, ils ne seront repris pour aucune cause.

M. Adolphe LABITTE, chargé de la vente, remplira les commissions des personnes qui ne pourraient y assister.

ORDRE DES VACATIONS

PREMIÈRE VACATION.

Lundi 7 juin. — Nᵒˢ 263 à 332 (moins 289) — 128 à 195 — 289

DEUXIÈME VACATION.

Mardi 8 juin. — Nᵒˢ 333 à 397 — 196 à 262 — 1

TROISIÈME VACATION.

Mercredi 9 juin. — Nᵒˢ 398 à 466 — 41 à 102 — 40

QUATRIÈME VACATION.

Jeudi 10 juin. — Nᵒˢ 467 à 530 (moins 496) — 2 à 39
103   127   496.

CATALOGUE

DE

LIVRES ANCIENS

DE CHOIX

MANUSCRITS ET IMPRIMÉS

FAISANT PARTIE DE LA

BIBLIOTHÈQUE DE M. DE SINÉTY

DONT LA VENTE AURA LIEU

Le Lundi 7 Juin 1880 et les trois jours suivants
à 2 heures précises.

Hôtel des Commissaires-Priseurs, rue Drouot, 9

Au premier, Salle n° 3

Par le ministère de M⁰ MAURICE **DELESTRE**, commissaire-priseur

Successeur de M⁰ DELBERGUE-CORMONT

Rue Drouot, 27

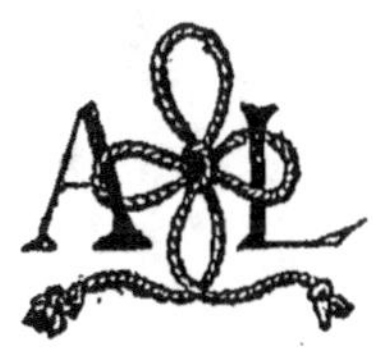 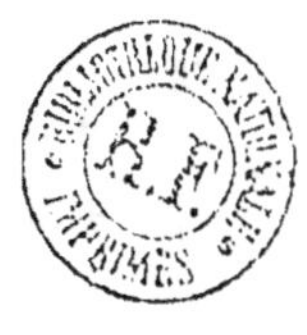

PARIS

ADOLPHE LABITTE

LIBRAIRE DE LA BIBLIOTHÈQUE NATIONALE

4, Rue de Lille, 4

1880

La Bibliothèque de Sinéty, formée à Aix en Provence, dans la première moitié de ce siècle, jouit d'une belle réputation dans notre région méridionale. Elle est particulièrement riche en ouvrages historiques des siècles passés, surtout en ceux relatifs à l'histoire politique, civile, judiciaire et nobiliaire de la Provence. La très petite portion que nous mettons en vente en ce moment-ci renferme des curiosités ou des raretés bibliographiques en tout genre. Comme nous pensons que ce catalogue est destiné à être lu, nous nous abstiendrons de le passer en revue, mais nous croyons devoir signaler les articles les plus culminants.

THÉOLOGIE

1. Livre d'heures manuscrit avec miniatures. — 11. Les Provinciales de Pascal, *édition originale, exemplaire à la reliure de* LONGEPIERRE. — 17. Réflexions sur la miséricorde de Dieu, par Mademoiselle de la Vallière, *magnifique exemplaire en ancienne reliure en maroquin.*

JURISPRUDENCE

34. Statuts du Dauphiné (1508). — 36 et 37. Ordonnances de Provence.

SCIENCES ET ARTS

40. Maximes et réflexions, par le DUC DU MAINE, *manuscrit de l'auteur, avec des corrections de sa main, et revêtu d'une reliure à ses armes.* — **84.** Description du pont de Moulins, *reliure en mar. aux armes de MARIE-ANTOINETTE.* — **88.** Traité d'escrime à l'épée (1573), *avec fig. sur bois.*

BEAUX-ARTS

95. Le Musée français, de Robillard-Péronville et P. Laurent. — **96.** Galeries historiques de Versailles. — **101.** Éléments d'orfèvrerie, par P. Germain.

BELLES-LETTRES

127. Poésies historiques et satyriques sur le règne de Louis XIII. — **128.** Œuvres de Fr. Malherbe, *édition originale,* magnifique exemplaire. — **139.** Fables de La Fontaine, avec les fig. d'Oudry, *en anc. rel. en mar.* — **173.** Les Saisons, de Thompson, *avec fig. d'Eisen de premier tirage, en anc. rel. en mar.* — **179** à **182.** Andromaque, Britannicus, Esther, Athalie, de J. Racine, *en éditions originales.* — **197** et **198.** Daphnis et Chloé, *avec les figures du Régent, en anc. rel. en mar.*

HISTOIRE

289. Sallustius, première édition aldine, *exempl. à la reliure de GROLIER.* — **364.** Les Soupirs de la France esclave (1689), *ouvrage rarissime, en anc. rel. en mar.* — 383. Chronologie militaire, de Pinard. — 477. Histoire des grands officiers de la couronne, par le P. Anselme. — 496. Polydori Vergilii de Rerum inventoribus, *exempl. à la reliure de GROLIER.* — 522 De Libertate ecclesiastica (1607), *livre de toute rareté, non cité, en anc. rel. en mar.*

Ce qui donne un cachet spécial à cette collection, c'est l'état primitif des exemplaires. Presque tous portent leur reliure originelle, en général fort modeste, en veau brun ou en vélin, mais qui abrite souvent des livres rares et précieux ; un grand nombre sont en maroquin plein ancien, et, parmi les uns et les autres, on rencontre des reliures portant les armes des souverains, princes ou princesses du sang, personnages ou bibliophiles célèbres, tels que : Louis XIV (356), Louis de Valois, comte d'Alais (491), Mme Adélaïde, fille de Louis XV (418), plusieurs princes de Condé (85, 217, 465), Louis XVIII (99, 519) ; le duc d'Arenberg (466), le duc de Brancas-Villars (506), le duc A. de Chaulnes (297), le maréchal de Coligny (318), le maréchal de Lautrec (415), le duc L.-Ch. de Luynes (294), le maréchal de Maillebois (509), le maréchal duc de Richelieu (414), le prince de Soubise (71, 268), le duc de Valentinois (451), le maréchal duc de Villars (146, 147), le chancelier Daguesseau (24, 495, 528), le cardinal de Fleury (31, 400), le chancelier de Maupeou (492), de Malesherbes (195), Mirabeau (359) ; de Thou (112, 349, 466), Peiresc (459, 511), le comte d'Hoym (328, 442), la comtesse de Verrue (205, 213), la marquise de Pompadour (365, 367), etc., etc.

CATALOGUE

DE

LIVRES ANCIENS

DE CHOIX

MANUSCRITS ET IMPRIMÉS

FAISANT PARTIE

DE LA BIBLIOTHÈQUE DE M. DE SINÉTY

THÉOLOGIE

---

1. **LIVRE D'HEURES.** In-8 carré, de 117 ff., chagrin noir, fermoirs en argent et ivoire, tr. dor. ; dans un étui en chagrin noir, doublé de velours.

Très-beau *manuscrit* de la seconde moitié du xv⁰ siècle, SUR VÉLIN, orné de CINQUANTE-TROIS MINIATURES, dont quatorze grandes.

Chacune des vingt-quatre pages du calendrier est entourée d'un joli encadrement, à motifs variés, au milieu duquel, dans la marge inférieure, est enchâssée une petite miniature dont le sujet est emprunté alternativement à la vie des champs et du château, et à l'histoire de l'Ancien et du Nouveau Testament, tels que *Jonas avalé par une baleine,* le *Sacrifice d'Abraham,* l'*Arche de Noé,* la *Création d'Eve, Daniel dans la fosse aux lions,* l'*Assomption de la Vierge,* etc.

En dehors de ces *vingt-quatre miniatures* du calendrier, le volume en contient quatorze grandes, dont voici les sujets :

1⁰ *les Quatre Evangélistes* (fol. 13) ; — 2⁰ *l'Annonciation à la Vierge* (fol. 27) ; la bordure renferme *quatre petites miniatures* en médaillons, offrant divers épisodes de la vie de la Vierge ; — 3⁰ *la Visitation de sainte Elisabeth* (fol. 39) ; — 4⁰ *la Nativité* (fol. 51), accompagnée de *quatre miniatures marginales,* qui représentent les *Réjouissances des bergers,* la *Sibylle Tiburtine* et la *Vierge avec l'Enfant dans sa gloire* ; — 5⁰ *L'Annonciation aux bergers* (fol. 56) ; — 6⁰ *l'Adoration des rois Mages* (fol. 61) ; — 7⁰ *La Présentation au Temple* (fol. 65) ; — 8⁰ *la Fuite en Egypte* (fol. 69) ;

— 9° *le Couronnemnt de la Vierge* (fol. 76) ; — 10° *Sainte Barbe* (fol. 82); — 11° *le Roi David implorant le Seigneur* (fol. 85), accomp. de *trois miniatures marginales*, dont deux représentent des scènes de la vie du roi psalmiste, et celle du milieu, *sanit Michel pesant les âmes*; — 12° *la Descente du Saint-Esprit* (fol. 101); — 13° *le Martyre de sainte Catherine* (fol. 108), avec *quatre miniatures marginales* représentant des épisodes de la vie de la sainte ; — 14° *la Rencontre de Joachim et de sainte Anne à la porte dorée* (fol. 114).

Toutes ces peintures sont d'un très-bon style et empreintes d'une grâce naïve : on y trouve une grande habileté de main et une entente du coloris qui offrent beaucoup d'affinités avec les procédés de l'art flamand. D'ailleurs il nous paraît incontestable que ce manuscrit a été exécuté dans la partie septentrionale de la France, sinon dans les Flandres mêmes. L'étude du calendrier vient à l'appui de cette affirmation ; on y lit, en effet, entre autres, le nom de saint *Luthermast*, qui est évidemment d'origine septentrionale.

Les encadrements qui accompagnent les grandes peintures sont charmants et sortent de la banalité de ceux des manuscrits communs de cette époque. Leur composition est très-variée et leurs ornements consistent en une combinaison bien coordonnée de rinceaux, de fleurs, de fruits, d'oiseaux, d'animaux fantastiques. Çà et là on rencontre des figures de guerriers, de paysans, de dames nobles, etc., fort intéressantes pour le costume du temps.

Toutes ces peintures, sauf de rares exceptions, sont très-fraîches et ont conservé beaucoup de leur éclat primitif.

Le texte est orné d'un nombre considérable de jolies initiales.

2. OFFICIA propria Ecclesiæ et diœcesis Aquensis. *Aquis Sextiis,* 1627. Pet. in-8, mar.

Impression rouge et noire, titre gravé. Livre rare imprimé à Aix en Provence.

3. BREVIARIUM Aptense D. D. Eon de Cely, episcopi Aptensis, auctoritate editum. *Parisiis,* 1785. 4 vol. in-12, mar. r. fil. tr. dor. (*Anc. rel.*)

Bréviaire à l'usage du diocèse d'Apt.

4. L'Office à l'usage des chevaliers de Nostre-Dame du Mont-Carmel et de Saint-Lazare de Jérusalem. *Imprimé à Paris aux dépens de l'ordre, par Jean-Baptiste Coignard,* 1700. In-16 de 97 pages, vignette gravée sur le titre, parch. vert, fil. tr. dor.

5. L'Office à l'usage des chevaliers de Notre-Dame du Mont-Carmel et de Saint-Lazare de Jérusalem, en latin et en françois. *A Paris, chez Louis-Denis Delatour,* 1730. In-16, parch. vert.

6. Office à l'usage des chevaliers de Notre-Dame du Mont-Carmel et de Saint-Lazare de Jérusalem en latin et en françois. *A Paris, de l'Imprimerie royale,* 1774. In-16, v. f. (*Rel. anc.*)

7. Heures, Prières et Offices à l'usage et dévotion particulièrement des demoiselles de la maison royale de Saint-Louis
à Saint-Cyr. *A Paris, chez Jacques Collombat,* 1714. In-12,
2 fig. de P. Le Paultre, mar rouge, fleuron à l'oiseau sur le
dos et les angles des plats de la reliure, fil. tr. dor. (*Rel. anc.*)

8. Officium sancti Desiderii, episcopi Lingonensis et mar-
tyris, Ecclésiæ nostræ parochialis et insignis collegiatæ
patroni. *Avenione, typis Dominici Seguin,* 1749, 48 pages.
— Officia propria insignis Ecclesiæ collegiatæ et parochialis sancti Desiderii civitatis avenionensis. *Avenione, apud
Franciscum Girard,* 1737, 96 pages. Ens. 2 parties en
1 vol. in-8, mar. r. dent. tr. dor. (*Rel. anc. fatiguée.*)

9. TRAITÉ de la nature et de la grâce, par M. Malebranche,
de l'Oratoire. *A Amsterdam, chez Daniel Elsevier,* 1680.
In-12, v. br.

> Édition originale. A la suite se trouve une seconde partie : *Éclaircisse-
> ment, ou la suite du traité de la nature et de la grâce,* par M. Male-
> branche de l'Oratoire. *Amsterdam, chez la veuve Daniel Elsevier,* 1681,
> de 68 pages.

10. LE CATÉCHISME des Jésuites, ou Examen de leur doctrine
(par Estienne Pasquier). *A Villefranche, chez Guill. Gre-
nier,* 1602. In-8, 358 feuillets plus la table, mar. brun, dos
orné, fil. tr. dor. (*Rel. anc.*)

> M. Brunet croit que ce volume a été imprimé à Paris et non point à
> la Rochelle, comme on l'a prétendu.

11. LES PROVINCIALES, ou les Lettres escrites par Louis
de Montalte (Bl. Pascal) à un provincial de ses amis et
aux RR. PP. jésuites, sur le sujet de la morale et de la
politique de ces pères. *A Cologne, chez P. de la Vallée
(Hollande),* 1657. In-4, v. marbré, fil. tr. dor. (*Rel. anc.*)

> ÉDITION ORIGINALE des Lettres provinciales publiée en 18 lettres sé-
> parées, du 23 janvier 1656 au 24 mars 1657, avec le TITRE GÉNÉRAL.
> Bel exemplaire ayant appartenu à LONGEPIERRE.
> Le dos de la reliure, les plats ainsi que les angles portent les insignes
> de la Toison d'or.
> A la suite des Provinciales, on a joint quelques pièces qui y ont rap-
> port,

12. Catéchisme du diocèse de Meaux, par messire Jacques-
Bénigne Bossuet. *A Lyon, et se vend à Meaux, chez la veuve
Charles,* 1691. Pet. in-12, v. antiq.

13. EPISTOLE et Orationi della seraphica vergine santa

Catharina de Siena..... Vi è aggionta la vita et canoniza-
tione della detta santa... *In Venetia, appresso Federico
Toresano*, 1548. In-4, texte à 2 col., car. ronds, parch.

> Édition rare et recherchée, appartenant à la collection Aldine, et
> plus complète que celle de 1500. On y trouve une belle gravure sur bois
> représentant la sainte, et, à la fin, sur un feuillet séparé, la marque de
> l'éditeur.
> Magnifique exemplaire, presque à toutes marges.

14. Explication des maximes des saints sur la vie intérieure,
par messire Fr. de Salignac Fénelon, archevêque-duc de
Cambray. *A Paris, chez P. Auboin et P. Emery*, 1698.
In-12, v. brun.

> Deuxième édition.

15. Instruction pastorale de messire François de Salignac de
la Mothe Fénelon, archevêque-duc de Cambray. *A Cambray, chez Gaspar Mairesse*, 1697. In-4, v. fauve.

> Exemplaire aux armes de P.-Dan. HUET, évêque d'Avranches.

16. Dialogues posthumes du sieur de la Bruyère sur le Quié-
tisme (publiés par L. Élie du Pin). *A Paris, chez Ch. Osmont*, 1699. In-12, v. gr.

> Première édition.

17. RÉFLEXIONS SUR LA MISÉRICORDE DE DIEU,
par une dame pénitente (Louise-Françoise de la Baume
le Blanc, duchesse de la Vallière). *A Paris, chez Antoine
Dezallier, rue Saint-Jacques, à la Couronne d'Or*, 1680.
In-12, de 8 ff. prélim. et 139 pages, mar. rouge, dos orné,
fil. tr. dor. (*Rel. du temps.*)

> ÉDITION ORIGINALE de cet ouvrage attribué à Mlle de la Vallière, de-
> venue religieuse carmélite, et nommée en religion Louise de la Miséri-
> corde.
> Magnifique exemplaire, réglé, haut de 143 mill. et couvert d'une
> excellente reliure, fort bien conservée.

18. TRAITÉ qui contient la méthode la plus facile et la plus
asseurée pour convertir ceux qui se sont séparez de l'É-
glise, par le cardinal de Richelieu. *A Paris, chez Séb. et
Gabriel Cramoisy*, 1657. In-4, v. (*Rel. anc.*)

> Exemplaire aux armes de la DUCHESSE DE VILLARS-BRANCAS. Ces ar-
> moiries sont placées au milieu d'un semé fleurdelisé.

19. Pensées de M. Pascal sur la religion et sur quelques autres sujets, qui ont esté trouvées après sa mort parmy ses

papiers. *A Amsterdam (au Quærendo), chez Abraham Wolf-gang*, 1688. In-12, v.

Édition augmentée de la vie de Pascal, par Mme Perrier, sa sœur.

20. Exposition de la doctrine de l'Église catholique sur les matières de controverse, par messire Jacques-Bénigne Bossuet. *A Paris, chez Séb. Mabre-Cramoisy,* 1671. In-12, v. brun.

Première édition avouée.

21. Exposition de la doctrine de l'Église catholique sur les matières de controverse, par messire Jacques-Bénigne Bossuet. *A Paris, chez Guillaume Desprez,* 1730. In-12, v. br.

22. Exposition de la doctrine de l'Église catholique sur les matières de controverse, par messire Jacq.-Bénigne Bossuet. *A Paris, chez G. Desprez,* 1761. In-12, mar. rouge, fil. tr. dor. (*Rel. anc.*)

Édition augmentée de la traduction latine, par l'abbé Fleury, publiée par l'abbé Lequeux.

23. Conférence avec M. Claude, ministre de Charenton, sur la matière de l'Église, par messire Jacques-Bénigne Bossuet, évesque de Meaux. *A Paris, chez Séb. Mabre-Cramoisy,* 1682. In-12, v. br.

Édition originale.

24. La Religion chrétienne autorisée par le témoignage des anciens auteurs payens, par le P. Dominique de Colonia, de la Compagnie de Jésus. *A Lyon, chez Léonard Plaignard,* 1718. 2 vol. in-12, fig., v. gran.

Première édition. Exemplaire aux armes du chancelier d'Aguesseau.

25. Les Trois Véritez. Seconde édition, revue, corrigée et de beaucoup augmentée, avec un advertissement et bref examen, sur la response faicte à la troisiesme vérité, de nouveau imprimée à la Rochelle, par M. Pierre le Charron Parisien. *A Bourdeaus, par S. Millanges,* 1595. In-8, vél.

26. Le Franc-Archer de la vraye Église contre les abus et énormités de la fausse, par noble Anthoine Fusi, iadis prothonotaire apostolique, docteur sorboniste, prédica-

teur et confesseur de la maison du Roy, curé des Églises
parochiales S. Barthélemi, S. Loup et S. Gilles à Paris.
S. l., 1619. Pet. in-8, v. f. dos orné, fil. tr. dor. (*Rel.
anc.*)

> Il faut lire dans le *Manuel* de Brunet le récit des aventures de ce
> prêtre bizarre. Devenu apostat, il attaqua le catholicisme dans le volume
> ci-dessus, qui est peu commun, ayant été prohibé.

27. DE L'ESTAT ET GOUVERNEMENT DE L'ÉGLISE, quatre livres.
1. De la Monarchie ecclésiastique. 2. De l'Infaillibilité.
3. De la Discipline ecclésiastique. 4. Des Conciles avec la
préface, contenant une sommaire response au livre de
M° Théophraste Bouju, dict Beaulieu, de la défense de la
hiérarchie de l'Église et de nostre S. Père le Pape, etc.,
ensemble une épistre sur la prétendue justification de
faulsetez de M. C. Durand, docteur en théologie, en son
discours intitulé, Advis, etc., par M° Simon Vigor, conseiller du Roy. *A Troyes, chez Pierre Sourdet,* 1621. In-8,
vélin.

> Livre rare et auquel les questions à l'ordre du jour donnent un nouvel
> intérêt. M. Brunet ne l'a point signalé.

28. La Saincte Messe declarée et defendue contre les erreurs
sacramentaires de nostre temps ramassez au livre de l'Institution de l'Eucharistie de du Plessis par Louys Richeome,
Provençal, de la Compagnie de Jésus, au tres chrestien
Roy de France et de Navarre Henry IIII. *Par S. Millanges,
imprimeur ordinaire du Roy, à Bordeaux,* 1600. Fort vol.
in-8, titre gravé, parch. à recouvr.

29. Les Veritez de la religion prouvées et defendues contre
les anciennes heresies par la verité de l'Eucharistie ou
traité pour confirmer les nouveaux convertis dans la foi de
l'Église catholique (par l'abbé Petit, de l'Académie royale
d'Arles). *A Paris, chez Jacques Morel,* 1686. In-12, mar. r.,
dos et angles des plats fleurdelisés, tr. dor. (*Rel. anc.
avec armoiries royales.*)

30. LA CHASSE DE LA BESTE ROMAINE où est re-
futé le XXIII chap. du catéchisme et abrégé des contro-
verses de nostre temps touchant la religion catholique,
imprimé à Fontenay le Comte en l'an M. D. C. VII. et est
recerché et evidemment prouvé que le Pape est l'Anti-
christ, par George Thomson, pasteur de l'Église réformée

de la Chasteigneraye. *La Rochelle, par les héritiers de
H. Haultin,* 1611. In-8, titre encadré, mar. vert, fil. tr.
dor. (*Armoiries sur les plats.*)

Première édition, rare et recherchée.
A la première page du texte se trouve un feuillet plié, lequel porte pour
titre : *Table analytique et typique représentant le corps de cette recherche
de l'Antechrist,* etc. Ce feuillet manque souvent.

31. LETTRE PASTORALE de Monseigneur l'évêque de Sées,
pour la publication d'un écrit qui a pour titre : Réponse
d'un curé du diocèse de Sées aux difficultés qui lui ont été
proposées par un protestant de sa paroisse. *A Sées, chez
l'imprimeur de Monseigneur l'illustrissme et révérendissime
évêque,* 1737. In-12, mar. r. dos orné, fil. tr. dor. (*Anc. rel.*)

Joli exemplaire aux armes du CARDINAL DE FLEURY, ministre d'État
sous Louis XV.

32. Recueil des rites et cérémonies du pèlerinage de la
Mecque, auquel on a joint divers écrits relatifs à la religion, aux sciences et aux mœurs des Turcs, par M. Galland,
interprète du Roi. *A Amsterdam, et se vend à Paris chez
Desaint et Saillant,* 1754. In-12, mar. r. fil. tr. dor.

Exemplaire aux armes de Jérôme BIGNON, *bibliothécaire du roi.*

JURISPRUDENCE

---

33. Tullii Ciceronis de Legibus libri, recensuit Davisius.
Cantabrigiæ, 1727. In-8, mar. r. fil. tr. dor. (*Anc. rel.*)

34. LIBERTATES per illustriss. principes Delphinos vien-
nenses, Delphinalibus subditis concessæ, impensa Fr. Pi-
chati et Bartoleti... *Venales habentur... Gratianopoli, s. d.*
Gr. in-4 goth. à 2 col. v. est. (*Rel. du XVIᵉ siècle.*)

Précieux recueil des statuts du Dauphiné, imprimé à Grenoble ou à
Valence de 1489 à 1508 et devenu extrémement rare. Les derniers statuts
sont en français ;ils ont *esté baillés par les gens des troys estats à Tours*

en 1483. (Voir Brunet, II, col. 1812,) et surtout une note de M. Gariel,
insérée dans le *Diction. de Géogr.* de M. Deschamps, col. 585-586.

Cet exemplaire, grand de marges, est couvert de notes manuscrites du
xviie siècle.

35. Sommaire des loix, statuts et ordonnances royaulx, faictes
par les feux Roys de Frãce iusques au regne du Roy
Henry second de ce nõ a presēt regnãt. Extraict et reduict
selon l'ordre alphabeticque, par maistre Michel Berland,
natif de Molins en Bourbonnois, procureur du grãd cõseil
du Roy. *A Paris, pour Poncet le Preux, en la grand'rue
sainct Jacques, au Loup : deuant les Mathurins,* 1548. In-8,
titre encadré, demi-rel. bas.

Livre fort rare, non cité au *Manuel.*

36. ORDÕNANCES du tres chre‖stien Roy de France,
Françoys premier de ce nom ‖ reduictes par tiltres et articles, et ordre, selon les ‖ matières, ordonnées estre gar-
dées et obseruées, en ‖ ses pays de PROVENCE, FOR-
CALQUIER, ET TERRES ADIA ‖ CENTES, selon et en
ensuyuant la reformation par luy ‖ faicte sur le faict de
la Iustice desdictz pays, l'an ‖ Mil CCCCC xxxv. utiles et
necessaires à tou‖tes gens de Iustice, et de practique :
tant desdictz ‖ pays que de tout le Royaulme de France...
Auec ‖ aussi les cõcordances des anciennes ordonnances
‖ de tout le Royaulme de France sur plusieurs desquel ‖
les, et aussi des Constitutions desdictz pays elles ‖ ont été
extraictes. Et lesquelles presentes Or‖donnances ont
esté collationnées au vray original ‖ Aulx quelles ont esté
de nouueau aioustés (*sic*) les ‖ tiltres qui sensuiuent les-
quelz ne sont aulx aultres ‖ premierement imprimées. ‖
Premierement. ‖ La forme de proceder aulx proces criminelz. ‖ Edict par le Roy touchant la reformation de la ‖
Iustice en son païs de Marseilhe, ‖ la confirmation du
Roy touchant la reduction ‖ des notaires et sergens en
certain nombre. ‖ Auec priuilege. ‖ M. D. xxxvi. (A la fin
de la table :) *Ces presentes ordonnances ont este* ‖ *imprimees en Auignon par Jehan* ‖ *de channey Lan de grace Mil
cinq* ‖ *cens. xxxvj* (1536), *au moys Daoust.* In-fol. goth. de
cv ff. ch. et 9 ff. n. ch. (table). — Ordonnãces royaulx
‖ sur le faict de la Iustice et abbreuiation des proces ‖ par
tout le royaulme de France, faictes par le ‖ Roy nostre
Sire. Et publiées en la court de ‖ parlement à Paris le
sixiesme iour du‖ moys de septembre Lan Mil D. ‖XXXIX.

‖ Adiousté vng Edict sur la reformation de tous ‖ officiers Royaulx. ‖ Plus vng aultre Edict faict sur le rachapt des rentes, etc. Item vng aultre Edict du Roy appartenant aux ‖ Baillifz, et Seneschaulx du Royaulme de Fräce. ‖ Donne à Cremieu. ‖ *A Lyon, ches Thibault Payen pres nostre dame de Confort, s. d.* In-fol. goth. (titre en rom.), de 28 ff. n. ch. — Sensuyuent les ‖ Taux moderatiōs sallaires ‖ et emolumēs des greffiers du ‖ parlement des aduocatz pro‖cureurs et greffiers des lieute‖nās des iuges ordinaires des ‖ huissiers et sergens auecque ‖ le grand arrest... touchāt la confirmation de la Iustice ‖ et ordōnāces de ce p'sent pays de Prouēce ‖ et la moderation des Amendes de ‖ douze vingt liures... *Auec les villes et chasteaulx de Prouence* ‖ extraictes par maistre Anthoine ARENA. (A la fin :) *Cy finissent les ordonnances nouuellement im*‖*p'mees a Lyon le. xxiij iour du moys de* ‖ *May lan de grace mil cinq* ‖ *cens xxxx* (1540). In-fol. goth. de 18 ff. n. ch. — Ordonnances et edict du Roy, pour les cas royaulx appartenans aulx baillifz et seneschaulx ‖ du royaulme de France, publié en la court de Parle‖ment a Paris Au moys de decembre, mil ‖ cinq cens trente six (1536) (simple titre de départ). In-fol. goth. de 4 ff. n. ch., sign. V. — Articles ‖ de lestil et instructions nou‖uellement faictz par la sou‖veraine court de Parlement de Prouence... sur l'abbreuiation ‖ des proces et playdoiries... Auec plusieurs arrestz ‖ et lettres royaulx ‖ de consequence ‖ en faueur de ‖ tout le bien ‖ public ‖ de ‖ Prouence, 1542. *On les vend a Aix a la Grand Salle du Palays par Vas Cavallis.* (A la fin :) *Cy finissent les lettres Royaulx... Nouuellement Imprimez a Lyon chez le Prince, pres nostre Dame de Confort. Le. xviij. Dapuril. Mil cinq cens quarante deux* (1542). In-fol. goth. de 16 ff. n. ch., sign. A.-D. — Arrest par lequel est p̄hibe et defendu ‖ a tous prelatz, chapitres, prieurs, vicaires et administrateurs des ‖ Eglises de ne faire aulcunes exactions, soit pour occasion ‖ des enterrementz, sepultures, solennizations de maria‖ge, baptesme, sonneries de cloches, et aultres diuins ‖ sacramentz, donne par la court de Parlement ‖ de Prouence le dixneufiesme de Feburier ‖ Mil cinq cens quarante troys (1543) ‖ a la natiuité nostre Seigneur (simple titre de départ). In-fol. goth. de 4 ff. n. ch., sign. A. (*Cet arrêt est suivi de l'Edict sur le rachapt des rentes, le même que celui inséré dans les*

Ordonnances royaulx *qui précèdent*). — Forme de pro‖ces
verbal d'attestations ‖ ou Enquestes, suyuant les Loix et
Ordonnances ‖ Royaulx, qu'on faict soubz les Seigneurs
Con‖seillers de la Court Souueraine de Par‖lement en
Prouence : tant en pre‖sence de partie aduerse, ‖ qu'en
son de‖fault. ‖ Plus un Arrest prouisional de la Court de
parlement ‖ d'Aix en Prouence touchant l'autorité et iuris-
diction ‖ des Viguiers et Preuostz de Mareschaux dudict
‖ Pays. ‖ *On les vend a Aix en la Grand Salle du ‖ Palais,
par Vas Cauallis...* (A la fin :) *Imprimé à Lyon par Pierre
de Tours, deuant nostre ‖ Dame de Confort.* In-fol. goth.
(titre et sommaires des chapitres en car. rom.), de 6 ff. n.
ch., sign. A. En 1 vol., parch.

Recueil précieux et extrêmement rare de documents juridiques intéressants non-seulement pour l'histoire de la législation, mais aussi pour
celle des mœurs et de la civilisation. L'édition de 1536 est la dernière
collective, et elle se complète au moyen des autres ordonnances comprises dans ce recueil. (Voir Brunet, II, col. 388.) La quatrième pièce,
les *Ordonnances pour les cas royaulx appartenans aux baillifz*, etc., datées
de 1536, aurait dû être placée immédiatement après la première à laquelle
elle fait suite ; elle porte, en effet, la signature V, tandis que la première
partie finit avec la signature T, et, au surplus, leur liaison intime est encore confirmée par l'indication finale des augmentations introduites dans
la présente édition.

La cinquième pièce, les *Articles de lestil*, est des plus rares. Elle
contient au verso du titre, le portrait de *S. Loys, roy de France*, gravé
sur bois, et offre, en outre, une grande curiosité en son genre ; elle est
précédée d'une pièce de 44 vers élégiaques en latin macaronique, par le
célèbre Ant. ARENA, pièce qui n'a pas été comprise dans le recueil des
œuvres de ce poète. (Voir Brunet, I, col. 394.) Les deux derniers arrêts
qui précèdent le colophon sont en *provençal*.

La dernière pièce est de toute rareté et elle n'a pas été signalée par
M. Brunet. Elle a été imprimée en 1554, attendu qu'il y a des exemplaires qui portent cette date.

Un exemplaire complet de ces ordonnances, comme est celui-ci, n'a
jamais passé en vente. Il est presque à toutes marges et rempli de témoins.

37. **ORDONNANCES** du ‖ tres chrestien Roy de Frāce
Françoys ‖ premier de ce nom reduictes par til‖tres ҫ articles ҫ ordre selon les matie‖res ordonnees estre gardees
ҫ obser‖uees en ces pays de PROVENCE, FORCALQUIER
& TERRES ADJACENTES... Auec aussi les taux modera-
ra-‖tiōs sallaires ҫ emolumēs deuz aux greffiers du ‖ par-
lemēt aduocatz, p̄cureurs ҫ et sigilliferes des lieu‖tenans
des iuges ordinaires ensemble ҫ aussi des ‖ huyssiers ҫ
sergēs ҫ aultres gēs de iustice / donne a Cōpienne le xvij
iour Doctobre. lā. m. d. xxxix (1539). ‖ avec lordonnāce des
bailliages ҫ seneschaussees. ‖ Le grād arrest dōne touchāt

la ōfirmatiō de la iustice. ‖ La moderation des amendes...
‖ Item plusieurs cōstitutions obseruees en praticq̃ ‖ iour-
nellement audict pays de prouence. ‖ La cōfirmation du
Roy touchāt la reduction des ‖ notaires ҫ sergens en certain nombre. ‖ Edict sur la reformation de la iustice en
son pays ‖ de Marseille. ‖ La forme de p̄ceder aux p̄ces
criminelz Et plu=‖sieurs arrestz dōnez par le Roy..... M. D.
X L. (A la fin de la table :) *Ces presentes ordonnances ont
este ‖ imprimees en Auignon par Jehan ‖ de channey Lan
de grace Mil cinq ‖ cens. xxxvj* (1536). *au moys Daoust.* —
Sensuyuent les ‖ Taux moderatiōs sallaires ‖ emolu-
mens... (A la fin :) *Cy finissent les ordonnances nouuellement im‖p̄mees a Lyon le. xxiij iour du moys de ‖ May l'an
de grace mil cinq cens xxxx* (1540).—Ordonnances et edict
du Roy, pour les cas royaulx appartenans aulx baillifz et
seneschaulx du royaulme de France... (de 4 ff. n. ch.,
sign. V.) — Ordonnances Royaulx sur le faict de la Iustice
et abbreuiation des proces..... *A Lyon, ches Thibault
Payen, etc.* (1539). — Arrest par lequel est p̄hibe et defendu a tous prelatz... (1543). — Articles de lestil et
instructions..... 1542. *On les vend à Aix...par Vas Cauallis.* En 1 vol. in-fol. goth., bas.

Recueil identique avec le précédent et composé des mémes pièces,
moins la dernière. La première partie, provenant de l'édition de 1536,
a été pourvue, en 1540, par un libraire lyonnais, d'un nouveau titre, bien
différent du précédent, titre qui comprend aussi la partie suivante (*taux,
modérations*, etc.), imprimée à Lyon en 1540, avec un titre spécial. Cette
particularité avait échappé aux recherches de M. Brunet.

On peut remarquer que les pièces de ce volume n'ont pas été reliées
dans leur ordre naturel.

La fin du volume porte une forte piqûre de vers dans la marge du
fond, mais l'exemplaire est grand de marges et deviendrait fort beau
après restauration.

38. Traicté de la dissolution du mariage pour l'impuissance
et froideur de l'homme ou de la femme (par Antoine
Hotman). *Paris, chez Jean Millot,* 1610. Petit in-8 de
95 pp. — Second Traicté de la dissolution du mariage,
etc. *Paris, N. Rousset.* Pet. in-8, de 65 pp. En 1 vol.,
vélin.

Première édition réunissant les deux traités. Rare et recherchée. Exemplaire avec témoins.

39. Recueil des Arrêts de M. le premier président de Lamoignon, nouvelle édition revue et corrigée. *A Paris, chez*

Joseph Merlin, 1777. In-4, v. écail. dos orné, fil. tr. dor.

Très-bel exemplaire en GRAND PAPIER, orné d'un superbe portrait de Guillaume de Lamoignon, avec ses armoiries gravées.

Les plats de la reliure portent les armes de J.-Charles-Pierre LENOIR, magistrat, conseiller au Châtelet, puis lieutenant de police sous Louis XV.

SCIENCES ET ARTS

1. Philosophie. — Morale. — Politique.

40. MAXIMES ET RÉFLEXIONS tirées de saint Augustin, revues et corrigées par Mgr le **DUC DU MAINE**, fils de Louis XIV. In-fol., mar. olive, tr. dor. (*Reliure du temps.*)

Manuscrit du commencement du XVIIIe siècle, sur papier, d'une très-belle et grosse écriture, composé de 4 ff. prél. et de 411 pages chiffrées. Il est totalement inédit, inconnu même, et porte beaucoup de corrections et de changements autographes du DUC DU MAINE, qui y a mis plusieurs paraphes composés des initiales de ses prénoms : L. A.

La reliure est bien conservée, le dos est fleurdelisé et les plats ont une large et jolie dentelle à petits fers ; dans le milieu se trouvent les armoiries de LOUIS-AUGUSTE DE BOURBON, DUC DU MAINE, avec les attributs de grand maître et capitaine général de l'artillerie de France ; les gardes sont en papier doré.

A la fin du volume, on a ajouté la copie d'une lettre très-spirituelle du chevalier de Pougens, académicien, à Mme Boscowen, à Richmond, du 8 avril 1790, lettre qui fournit d'amples détails sur cet ouvrage et sur d'autres écrits de ce prince. Mme de Maintenon, sa gouvernante, a publié en 1678 un recueil de lettres et de thèmes composés par son précoce élève à l'âge de sept ans : (*Œuvres diverses d'un auteur de sept ans*), mais aucun autre de ses travaux n'a vu le jour, et même il n'en est fait aucune mention dans les mémoires du temps. Le duc du Maine, dont Mme de Staal admire l'esprit fin et cultivé, les hautes vertus et les sentiments profondément religieux, faisait de préférence son aliment intellectuel de la lecture des saintes Ecritures, des Pères de l'Eglise, etc., « pour fortifier son âme contre les faiblesses de l'humanité », selon sa propre expression. De ces lectures il a tiré la substance de ses écrits qui consistent en maximes et réflexions morales. Il fit ainsi un gros recueil de *Méditations sur l'Évangile de saint Jean* (in-fol. de 800 pp.) ; un *Recueil de trente-neuf méditations sur divers sujets de morale chrétienne*, dédié à Mme de Maintenon ; enfin les *Maximes et réflexions tirées de saint Augustin*, renfermées dans le présent volume. Par son testament du 27 octobre 1735, il a légué ses livres de dévotion et ses manuscrits de piété à l'abbé Guérin, son aumônier, « lui deffendant bien expressément, dit la clause, de les donner au public, de peur que par ignorance, ou contre mon intention, il ne me soit échappé quelque chose de mal à propos dans des matières si grandes. » C'est chez les petits-neveux de cet abbé, MM. Guérin, anciens consuls de la ville de Caderousse, dans le comtat Venaissin, que le chevalier de Pougens découvrit ces manuscrits en 1781. En en rendant compte à Mme Boscowen, une dame très-lettrée à ce qu'il paraît, de Pougens approuve la précaution que le duc du Maine a eue de ne point exposer ses écrits à la censure du public. « Les ouvrages des princes, dit-il, sont comme ceux des femmes : on les juge toujours avec trop d'indulgence ou trop de sévérité. »

41. Henrici Cornelii Agrippæ de Incertitudine et vanitate scienciarum et artium atque excellentia Verbi Dei declamatio. *Joannes Graphæus excudebat M.D.XXX. Antuerpiæ.* In-4, mar. rouge, fil. tr. dor. (*Anc. rel.*)

> Belle et rare édition, la première de cet ouvrage.

42. LES ŒUVRES morales et meslées de Plutarque, translatées de grec en françois (par Jacq. Amyot), reueues et corrigées en ceste seconde édition en plusieurs passages par le translateur. *A Paris, par Vascosan, imprimeur du Roi,* 1574. 7 t. en 6 vol. petit in-8, mar. rouge, fil. compart. tr. dor. (*Rel. anc.*)

> Édition recherchée.
> Exemplaire réglé. Hauteur : 153 millimètres.

43. Petri Pomponatii Mantuani Tractatus varii. *Venetiis,* 1525. In-fol. goth., mar. citr. dent. tr. dor. (*Anc. rel.*)

44. LES ESSAIS de Michel, seigneur de Montaigne, édition nouvelle trouvée après le décès de l'autheur, revue et augmentée par luy d'un tiers plus qu'aux précédentes impressions. *A Paris, chez Abel l'Angelier,* 1595. In-fol., v. brun.

> La plus estimée des anciennes éditions de Montaigne comme authenticité de texte. Elle fut donnée par Mlle de Gournay, fille adoptive de Montaigne.

45. Les Essais de Michel, seigneur de Montaigne, édition nouvelle prise sur l'exemplaire trouvé après le décès de l'autheur, revue et augmentée d'un tiers outre les précédentes impressions. *A Paris, chez Abel l'Angelier,* 1598. In-8, parch. à recouvr.

46. Response à plusieurs injures et railleries écrites contre Michel, seigneur de Montagne, dans un livre intitulé : « *la Logique, ou l'Art de penser* » contenant, outre les rè-

gles générales, plusieurs observations particulières, propres à former le jugement de la deuxième édition, avec un
beau traité de l'éducation des enfants, et cinq excellens
passages tirez du livre des « *Essais* », pour montrer le
mérite de cet auteur (par Guillaume Béranger). *A Rouen,
chez Laurens Maurry,* 1667. In-12, vélin.

« Volume rare et recherché, » dit Brunet.

47. DE LA SAGESSE, livres trois, par M. Pierre le Charron, Parisien. *A Bourdeaus, par Simon Millanges,* 1601.
In-12, v. éc. tr. dor.

Édition originale, estimée, et contenant 772 pages. Il y a une réimpression, sous la même date, qu'on reconnaît au nombre de pages qui est
de 776.

48. Cincq Dialogues faits à l'imitation des anciens, par Oratius
Tubero (Franç. de la Mothe le Vayer) : 1. de la Philosophie sceptique ; 2. le Banquet sceptique ; 3. de la Vie pri-
vée ; 4. des Rares et éminentes Qualités des ânes de ce
temps ; 5. de la Diversité des religions. *A Mons, chez
Paul de la Flèche,* 1671. In-12, v. brun.

Jolie édition, qui paraît avoir été imprimée par Dan. Elsevier.

49. Maximes et Réflexions morales du duc de la Rochefoucauld. *D'après l'édition du Louvre, à Amsterdam,* 1780.
In-24, v. fauve. fil. tr. dor.

50. LES CARACTÈRES de Théophraste, traduits du grec,
avec les Caractères ou les mœurs de ce siècle (par la
Bruyère). *A Paris, chez Estienne Michallet, MDCLXXVIII*
(*sic,* 1688). In-12 v. brun.

ÉDITION ORIGINALE.
Titre, 1 feuillet ; *Discours sur Théophraste,* 29 feuillets non chiffrés ;
les Caractères, 308 pages chiffrées, et 1 feuillet pour l'extrait du privi-
lége.
Hauteur : 159 millimètres.

51. LES CARACTÈRES de Théophraste traduits du grec,
avec les Caractères ou les Mœurs de ce siècle (par la
Bruyère), huitiesme édition, revue, corrigée et augmentée.
A Paris, chez Estienne Michallet, 1694. In-12, v. brun.

C'est dans cette édition que paraît pour la première fois le discours
de réception prononcé par la Bruyère à l'Académie, ainsi que 48 Caractères originaux.

52. LES CARACTÈRES de Théophraste, traduits du grec,

avec les Caractères ou les mœurs de ce siècle (par la Bruyère), neuviesme édition, revue et corrigée. *A Paris, chez Estienne Michallet, M. DC.* cxvi. (*sic*, 1696). In-12, v. brun.

Dernière édition donnée par l'auteur qui mourut pendant qu'elle était sous presse. Exemplaire très-grand de marges. Hauteur : 160 mill.

53. Les Caractères de Théophraste, traduits du grec, avec les Caractères ou les Mœurs de ce siècle, par M. de la Bruyère, et la clef en marge et par ordre alphabétique. *Paris, Estienne Michallet,* 1705. 3 vol. in-12, v. f.

54. De la Délicatesse (par l'abbé de Villars). *A Paris, chez Claude Barbin,* 1671. In-12, mar. rouge, fil. tr. dor. (*Rel. anc.*)

C'est une réponse aux *Sentiments de Cléante* (Barbier d'Aucour) sur les *Entretiens d'Ariste et d'Eugène*, du P. Bouhours (*Barbier*).

55. LES DEVOIRS des maîtres et des domestiques, par Me Claude Fleury, prêtre, abbé du Loc-Dieu. *A Paris, chez Pierre Aubouin,* 1688. In-12, mar. rouge, fil. tr. dor. (*Anc. rel.*)

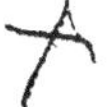

Édition originale d'un ouvrage non cité au Manuel. On y trouve un catalogue de livres qui *se vendent dans la même boutique*, où, entre autres, on remarque la liste des ouvrages de M. de *Loge-Pierre* (*sic*, pour *Longepierre*).

Exemplaire sur papier fort. Un exemplaire sur papier ordinaire, en reliure moderne, a été adjugé 70 fr. 2° vente Didot (1879).

56. La Véritable Grandeur d'âme... avec un traité du vrai et du faux point d'honneur, etc., par le marquis de *** (Magnanne). *A Paris, chez Delusseux,* 1725. In-16, mar. olive, large dent. sur les plats, tr. dor. (*Rel. anc.*)

Première édition.

57. Réglement donné par Madame la duchesse de Liancourt à Mlle de la Roche-Guyon sa petite-fille pour sa conduite et pour celle de sa maison; avec un autre règlement que cette dame avait dressé pour elle-même: suivi du Devoir des grands, de monseigneur le prince de Conti, avec son testament. *A Paris, Méquignon,* 1779. In-12, mar. rouge, dos orné, fil. tr. dor. (*Rel. du temps.*)

La duchesse de Liancourt, célèbre par son esprit et sa piété, était fille du premier maréchal de Schomberg. Elle mourut en 1674. L'ouvrage qu'elle avait composé est plein d'excellentes maximes pour l'éducation des enfants.

Jolie reliure, parfaitement conservée.

58. Instruction d'un père à son fils sur la manière de se conduire dans le monde, dédié à la Reyne, par M. Du Puy. *A
Paris, chez Jacq. Estienne,* 1730. In-12, mar. rouge, fil.
tr. dor. (*Rel. anc.*)

> Première édition.

59. Les Princesses malabares, ou le Célibat philosophique,
ouvrage intéressant et curieux, avec des notes historiques
et critiques (par Louis-Pierre de Longue). *A Andrinople,
chez Thomas Franco,* 1734. In-12, v. fauve, fil. dos orné,
tr. dor. (*Rel. du temps.*)

> Cet ouvrage fut poursuivi et condamné à être brûlé par arrêt du Par-
> lement du 31 décembre 1734.
> On l'a attribué également à l'abbé Nic. Lenglet-Dufresnoy ou à un cer-
> tain Quesnel, mort à la Bastille.

60. Discours sur l'emploi du loisir (par Antoine Pecquet). *A
Paris, chez Nyon fils,* 1739. In-8, v. fauve.

> Exemplaire aux armes de Louis de ROCHECHOUART, duc de MORTE-
> MART.

61. LES MŒURS (par Fr.-V. Toussaint). *S. l.,* 1748. Pet. in-8,
frontispice et vignette gravée sur le titre, mar. rouge, fil.
tr. dor.

> ÉDITION ORIGINALE. (Voyez Barbier, tome II, col. 322.)

62. La Morale de Confucius, philosophe de la Chine. *A Paris, de l'imprimerie de Valade, et à Reims, chez Cazin,*
1783. In-8, portrait par Delvaux, v. et tr. jasp.

63. LA MESNAGERIE de Xenophon; les Règles de mariage, de Plutarque ; Lettre de consolation de Plutarque
à sa femme, le tout traduict de grec en françois par feu
M. Estienne DE LA BOETIE. *Ensemble quelques vers latins et françois de son invention.* — Item un discours sur
la mort dudit seigneur de la Boetie, par M. de Montaigne. *A Paris, de l'imprimerie de Frédéric Morel,* 1572. In-8,
vélin.

> Ouvrage fort rare, *avec les vers françois* qui manquent généralement.

64. D. BARTHOLOMÆI DE LAS CASAS, episcopi Chiapen-
sis... quæstionis utrùm reges vel principes iure aliquo
vel titulo, et salua conscientia, ciues ac subditos a regia
corona alienare, et alterius Domini particularis ditioni sub-
iicere possint!... Edita cura et studio Vuolffgangi Griesstet-

teris. *Francofurti ad Mœnum*, 1571. In-4, de 4 ff. prél. et 67 pages chiffrées, demi-rel. bas.

Édition originale, peu commune, d'un ouvrage posthume du célèbre prélat espagnol, qui fut un véritable apôtre de l'humanité. La question de droit public qu'il y traite n'a rien perdu même aujourd'hui de son intérêt.

65. Les Six Livres de la République de I. Bodin Angeuin; ensemble une Apologie de René Herpin. *A Paris, chez Jacques du Puys*, 1583. Fort vol. pet. in-8, v. brun.

Première édition contenant l'*Apologie*.

66. LA POLITIQUE DU TEMPS, traitant de la puissance, authorité et du devoir des princes: des divers gouvernenemens, iusques où l'on doit supporter la tyrannie et si, en une oppression extrême, il est loisible aux sujets de prendre les armes pour défendre leur vie et liberté, quand, comment, par qui et par quel moyen cela se doit et peut faire. *Imprimé à la Haye*, 1650. In-12, mar. vert, dent. sur les plats, doublé de tabis rose, dent. tr. dor. (*Derome*.)

Cet ouvrage est la reproduction d'un pamphlet anonyme publié pour la première fois en 1574.
Joli exemplaire. La reliure est très-fraîche.

67. Codicile d'or, ou petit recueil tiré de l'Institution du Prince chrestien, composée par Erasme, mis premièrement en françois sous le règne de François Ier; et à présent pour la seconde fois (par Claude Joly, chanoine et chantre de l'Église de Paris). *S. l.* (*Amsterdam, Elzévier*), 1665. In-12, de 187 pp. ch. et 2 pp. n. ch. v. br.

Première édition sous cette date, avec les corrections et additions. Bel exemplaire. Hauteur : 129 millimètres.

68. Considérations politiques sur les coups d'Estat, par Gabr. Naudé, Parisien. *Sur la copie de Rome (à la Sphère)*, 1667. In-12, parch.

Imprimé par Daniel Elsevier. Cachet sur le titre.

69. Politique tirée des propres paroles de l'Écriture sainte, ouvrage posthume de messire Jacq.-Bénigne Bossuet, évêque de Meaux. *A Paris, chez J. Mariette*, 1714. 2 vol. in-12, v. jaspé.

Deuxième édition.

70. Maximes morales et politiques tirées de Télémaque, sur

la science des rois et le bonheur des peuples, imprimées
en 1766 par Louis-Auguste Dauphin, pour la Cour seulement, et réimprimées avec quelques autres maximes de
Mgr le Dauphin, père de Louis XVI, etc. *A Paris, chez
Royez,* 1814. In-16, portraits, bas. rouge, fleurdelisée, tr.
dor.

71. Discours sur l'utilité des lettres et des sciences par rapport au bien de l'Etat, prononcé aux promotions publiques
du collège de Lausanne, le 2 mai 1714, par Jean Barbeyrac.
Amsterdam, chez Pierre Humbert, 1715. In-12 de 58 pp.,
v. f.

> Exemplaire portant en fleurons, sur le dos de la reliure, les armes de
> Ch. de Rohan, prince de Soubise.
> A la fin de cet ouvrage est relié le Catalogue de livres imprimés ou
> en nombre de Pierre Humbert.

72. Le Ministre public dans les cours étrangères, ses fonc-
tions et ses prérogatives, par le sieur de la Sarraz de Fran-
quesnay. *A Paris, chez Etienne Ganeau,* 1731. In-12, mar.
rouge, large dent. tr. dor.

> Curieux volume, peu connu.

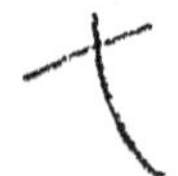

73. LETTRES écrites de la Montagne, par J.-J. Rousseau.
Amsterdam, chez Marc-Michel Rey, 1764-65. 2 parties en
1 vol. in-12, mar. rouge, dos orné, fil. doublé de tabis bleu,
tr. dor.

> Édition originale. Charmant petit volume portant sur les plats de la
> reliure les armes de Mérard de Saint-Just avec sa devise : *L'honneur et
> l'amour;* son *ex-libris* est placé à l'intérieur du volume.

*2. Sciences physiques, naturelles, médicales
et mathématiques, etc.*

74. La Mémoire renouvellée des merveilles des eaux
naturelles en faveur de nos nymphes françoises et des ma-
lades qui ont recours à leurs emplois, par Jean Bane, docteur en médecine de Molins en Bourbonnois. *A Paris, chez
Pierre Sevestre,* 1605. In-8, vélin.

> Volume rare et curieux. Un cachet découpé sur le titre.

75. La Physique démonstrative, divisée en trois livres.
Le premier traicte des eaux minérales. Le second, de

l'Esprit universel et des principes spagyriques et le troisième des observations ou guérisons de plusieurs grandes
maladies, ensemble un examen ou raisonnement qui fait
connoître la peste par sa cause et la guérison assurée par
son remède spécifique, par Henry de Rochas, escuyer
sieur d'Ayglun, conseiller et médecin ordinaire du Roy.
*A Paris, et se vend chez l'autheur, au bout de la rue Bail-
let,* 1643. 2 parties en 1 vol. in-8, front. gravé, vélin bl.
fil. tr. dor. (*Anc. rel.*)

Fort rare. Mouillures.

76. Commentaire sur la carie et corruption des os, contenant
plusieurs préceptes et enseignemens nécessaires, tant
pour la connoissance que pour la curation de la carie, par
Antoine Lambert, maistre chirurgien, juré à Marseille. *A
Marseille, chez Claude Garcin,* 1656. In-8, vél.

Peu commun.

77. Les XX Livres de Constantin César ausquels sont traictez
les bons enseignemens d'agriculture : traduits en françois
par M. Anthoine Pierre, licentié en droict, revu de nouveau par ledict traducteur. *A Paris,* 1550, *on les vend au
Palais, en la bouctique de Jean Longis.* In-8, v. br.

Seule traduction française des *Géoponiques.* Elle a été réimprimée
bien des fois.

78. Traité de l'olivier, par Mre Couture, curé des Miramas.
A Aix, chez Antoine David, 1786. 2 tomes en 1 vol. in-8,
planches, mar. rouge, fil. tr. dor. (*Anc. rel.*)

79. L'Astrologie naturelle du comte de Pagan. *A Paris, chez
Ant. de Sommaville,* 1659. 3 part. en 1 vol. in-8, vélin.

Volume peu connu. Mouillures.

80. Les Tables astronomiques du comte de Pagan, données
pour la juste supputation des planètes, des éclipses et des
figures célestes, avec les méthodes de treuver facilement
les longitudes, tant sur la mer que sur la terre. *A Paris,
chez Jean Hénault,* 1658. In-4, vélin.

81. Le Rozier des guerres composé par le feu roy Lois XI de
ce nom pour Monseigneur le Daulphin Charles son fils,
mis en lumière par le sieur président d'Espagnet, conseiller du roy et en suite un Traité de l'institution du jeune

prince fait par ledit sieur d'Espagnet. *A Paris, chez Nicolas Brion*, 1616. In-8, vélin.

Livre rare. Bel exemplaire.

82. L'ART DE LA GUERRE composé par Nicolas Machiavelli, citoien et secrétaire de Florence, l'Estat aussi et charge d'un lieutenãt général d'armée, par Onosauder anciē philosophe platonique. Œuures tresutilz et nécessaires à tous roys, princes, républiques, seigneurs, capitaines, gentilzhommes et autres suiuans les armes, le tout traduict en vulgaire frãçois par Iehan Charrier natif d'Apt en Prouēce et par luy addressé à treshault et tresexcellēt prince Monseigneur le Daulphin. *A Paris, chez Jehã Barbé, à l'escu de Cologne ioignãt S. Benoist, rue S. Jaques,* 1546. In-fol. 10 ff. prél. et 130 ff. chiffrés. — Instructions sur le faict de la guerre. *A Paris, de l'imprimerie de Michel Vascosan pour luy et Galiot du Pré,* 1548. In-fol., 4 ff. prél. et 111 ff. chiff. — En 1 vol., v.

Deux ouvrages rares ; le second a été attribué à Guill. du Bellay.

83. ART DE LA GUERRE, par principes et par règles, ouvrage de M. le maréchal de Puysegur, mis au jour par M. le marquis de Puysegur, son fils, brigadier d'infanterie. *A Paris, chez Charles-Ant. Jombert,* 1748. 2 vol. gr. in-fol. dont un de texte et un de planches gravées, mar. rouge, fil. tr. dor. (*Anc. rel.*)

Bel exemplaire en GRAND PAPIER.

84. DESCRIPTION du nouveau pont de pierre, construit sur la rivière d'Allier à Moulins ; avec l'exposé des motifs qui ont déterminé son emplacement et les dessins et détails relatifs à sa construction, par M. de Regemortes, premier ingénieur des turcies et levées. *Paris,* 1771. Gr. in-fol., titre et 16 planches gravées, mar. rouge, fil. tr. dor.

Livre publié avec luxe, orné de planches curieuses et revêtu d'une excellente reliure aux armes de la REINE MARIE ANTOINETTE comme DAUPHINE DE FRANCE.

85. CANAL DE PROVENCE ou canal d'Aix et de Marseille, son utilité, sa possibilité... Réponse aux principales difficultés qui ont été proposées contre son exécution par le sieur J.-A. Floquet, architecte hydraulique. *Paris,* 1750. In-8,

carte, mar. rouge, dos fleurdelisé, fil. tr. dor. (*Anc. rel.*)

Aux armes de Louis-Joseph de BOURBON, prince de CONDÉ.

86. Abrégé historique du canal de Provence. *A Paris, chez P.-G. Simon*, 1762. In-4 de 44 pp. et une carte, mar. rouge, fil. tr. dor. (*Anc. rel.*)

3. *Sciences occultes. — Escrime. — Équitation. Chasse. — Danse.*

87. Curiositez inouyes sur la sculpture talismanique des Persans, horoscope des Patriarches, et lecture des estoilès, par M. J. Gaffarel. *A Paris, chez Hervé du Mesnil,* 1629. In-8, 2 cartes, v. br.

Exemplaire aux armes de BIGNON.

88. TRAICTÉ contenant les secrets du premier livre sur l'espéeseule, mere de toute arme, qui sont espée, dague, cappe, targue, bouclier, rondelle, l'espée deux mains et les deux espées, auec ses pourtraitures, ayans les armes au poing pour se deffendre et offencer à un mesme temps des coups qu'on peut tirer, tant en assaillant qu'en deffendant, fort utile et profitable pour adextrer la noblesse, et suposts de Mars : redigé par art, ordre et pratique. Composé par Henry de Sainct-Didier, gentilhomme provençal. Dedié à la majesté du Roy treschrestien Charles neufviesme. *A Paris, imprimé par Jean Mettayer et Matthurin Challenge, et se vend chez Jean Dalier...* 1573. In-4, figures, mar. rouge, dent. tr. dor. (*Rel. angl.*)

Livre extrêmement rare, très-peu connu et l'un des plus anciens traités d'escrime à l'épée. Les gravures sur bois qui le décorent sont intéressantes et bien exécutées. La première offre le portrait du roi Charles IX ; la seconde, celui de l'auteur, tous les deux en pied. Les autres gravures, représentant des sujets d'escrime, sont au nombre de 64.

L'auteur y a joint à la suite un traité du *Jeu de la paulme.*

Ce volume offre, en outre, le plus ancien exemple peut-être de l'usage, de la part des auteurs, de revêtir de leur signature et de leur parafe les exemplaires de leurs œuvres, afin d'en empêcher le détournement. Celles de H. de Saint-Didier s'y trouvent apposées au bas d'un curieux avis au lecteur, au f. *Z i verso.*

Les ff. 8 à 20 constituent un véritable album de poésies ; on y trouve une longue *élégie* au roi, par Etienne de la Guette ; une autre *élégie,* par Pierre du Fief, Poitevin, avocat ; et des sonnets, par de l'Aigle ; par Jacques Brocher Metamatésien, de Pertuis, en Provence ; par Jean Emery, de Berre (*en provençal*) ; par Pierre Quinefaut, Poitevin ; par Et. du Four, de Vaulusien, *Amadis Jamin,* et Fr. de Belleforest, Commingeois.

89. **L'ECVIRIE** dv S. Federic Grison, gentilhomme napolitain, en laquelle est monstré l'ordre et l'art de choisir, dompter, piquer, dresser et manier les cheuaux, tant pour l'usage de la guerre qu'autre commodité de l'homme, auecques figures de diuerses sortes de mors de bride naguières traduite d'italien en francois, et nouuellement reueue et augmentée, et enrichie d'abondant de la figure et description du bon cheual. *A Pàris, chez Guill. Auuray,* 1579. In-4, figures, vélin.

    Volume rare. Double de la bibliothèque de Marseille vendu en 1845 (2 cachets sur le titre).

90. La Venerie royale divisée en IV parties qui contiennent les chasses du cerf, du lièvre, du chevreuil, du sanglier, du loup et du renard avec le denombrement des forests et grands buissons de France, où se doivent placer les logemens, questes et relais, pour y chasser, dediée au Roy par messire Robert de Salnove. *A Paris, chez Antoine de Sommaville,* 1665. In-4, front. v. marbré.

91. Des Ballets anciens et modernes selon les règles du théâtre (par le P. Claude-François Menestrier, jésuite). *A Paris, chez René Guignard,* 1682. In-12, v. br.

    Première édition.

BEAUX-ARTS
ET ARTS INDUSTRIELS

---

92. **LEONIS BAPTISTE ALBERTI** Incipit de re ædificatoria (opus). *Florentiæ, impress... opera Nicolai Laurentii Alamani, anno salutis millesimo octuagesimo quinto* (sic, pour 1485) : *quarto kalendas ianuarii.* Pet. in-fol., rel. en bois recouv. en veau avec comp. à froid.

    PREMIÈRE ÉDITION. Exemplaire conforme à la description de Brunet.

93. DÉCORATION. Chœur de Notre-Dame. Baldaquin, cheminées et lambris, décorations des bains, plafonds, pieds de table, cartouches, vases, arabesques, escaliers de jardin, décoration de treillage, desseins de serrurie. *A Paris, chez J. Mariette, s. d.* In-fol. obl. bas.

Recueil de 115 planches inventées et dessinées par Pineau, Toro, Bérain et Mariette.
Épreuves anciennes avec marges.

94. Promenade ou Itinéraire des jardins d'Ermenonville (par R. de Girardin), auquel on a joint vingt-cinq de leurs principales vues dessinées et gravées par Mérigot fils. *Paris et Ermenonville*, 1788. Gr. in-8, figures, cart. non rogné.

94 bis. Promenades ou Itinéraire des jardins de Chantilly, orné d'un plan et de vingt estampes qui en représentent les principales vues, dessinées et gravées par Mérigot. *A Paris, chez Desenne*, 1791. In-8, fig. cart. non rogné.

95. LE MUSÉE FRANÇAIS, recueil complet des tableaux, statues et bas-reliefs qui composent la collection nationale avec l'explication des sujets et des discours historiques sur la peinture, la sculpture et la gravure, par S. C. Croze-Magnan, Visconti et Émeric David, publié par Robillard-Péronville et Pierre Laurent. *A Paris, de l'imprimerie de L.-E. Herhan*, 1803-1809. 4 vol. gr. in-fol. nombr. planches gravées, demi-rel. bas. rouge.

Bel exemplaire NON ROGNÉ de la première édition de cet ouvrage splendide.

96. GALERIES historiques de Versailles, publiées par ordre du Roi, sous la direction de MM. Gavard, Calamatta et Mercuri, pour les gravures. *Paris, Gavard*, 1838 et années suivantes, 13 vol. gr. in-fol. vignettes sur bois et planches hors texte gravées sur acier, demi-rel. chagr. noir.

Exemplaire sur beau PAPIER VÉLIN, avec planches sur CHINE. Cet ouvrage est divisé en 11 séries.

97. TRAITÉ des Pierres gravées, par P.-J. Mariette (avec une Bibliothèque dactyliographique). *Paris*, 1750. 2 vol. pet. in-fol. nombr. figures gravées, v. marbré.

Bel exemplaire d'un ouvrage fort estimé.

98. Catalogue des volumes d'estampes dont les planches
sont à la Bibliothèque du Roy. *A Paris, de l'Imprimerie
royale*, 1743. In-fol. de 34 pp. v. marbré, fil. tr. dor.
(*Armes de France sur les plats.*)

99. CATALOGUE des tableaux et desseins précieux des
maîtres célèbres des trois écoles, figures de marbre, de
bronzes et de terre cuite, estampes en feuilles et autres
objets du cabinet de feu M. Randon de Boisset, receveur
général des finances, par Pierre Remy. On a joint à ce
catalogue celui des vases, colonnes de marbres, porce-
laines, des laques, des meubles de Boule et d'autres effets
précieux, par C.-F. Juliot. *A Paris, chez Musier père*, 1772.
In-12, mar. rouge, dos fleurdelisé, fil. doublé en papier
doré, tr. dor.

> Exemplaire en papier fort, avec les prix d'adjudication à l'encre rouge.
> Les plats de la reliure portent les armoiries du COMTE DE PROVENCE,
> qui fut plus tard LOUIS XVIII.

100. FONDATION de l'Académie royale danoise de Peinture,
Sculpture et Architecture établie à Copenhague. *A Copenhague*, 1758. Plaq. in-4, v.

> Ce sont les statuts et règlements. Volume fort rare.

101. ÉLÉMENTS D'ORFÉVRERIE, divisés en deux parties
de cinquante feuilles chacune et composez par Pierre Germain, marchand orfèvre joaillier. *Se vendent à Paris, chez
l'auteur, place du Carrousel, à l'orfévrerie du Roy*, 1748.
In-4, 100 planches gravées, v. marbré. (*Rel. du temps.*)

> Très-bel exemplaire de ce livre rare et précieux, porté à 500 fr. au
> catalogue de M. Fontaine en 1877.

102. L'ART DU RELIEUR DOREUR de livres, par M. Dudin. *S. l.*,
1772. In-fol., 16 planches, bas.

> Rare.

BELLES-LETTRES

---

1. Linguistique. — Rhétorique.

103. De Latinitate falso suspecta expostulatio Henrici Ste-
phani. Eiusdem de Plauti Latinitate dissertatio et ad lec-
tionem illius progymnasma. *Anno* 1576. *Excudebat Hen-
ricus Stephanus.* In-12, vélin.

104. TRESOR DE L'HISTOIRE DES LANGUES de cest Univers, contenant les origines, beautez, perfection, decadences, mu-
tations, changemens..... par M. Claude Duret Bourbonnois, president à Moulins. *A Yverdon, de l'imprimerie de
la Société Helvetiale Caldoresque,* 1619. Fort vol. in-4,
de 1030 pp. rel. bas.

> Livre peu commun et intéressant pour la linguistique. Taches et mouil-
> lures.

105. LE DICTIONNAIRE de l'Académie françoise, dedié
au Roy. *A Paris, chez la Ve Jean-Bapt. Coignard et Jean-
Baptiste Coignard,* 1694. 2 tom. en 1 vol. in-fol. v. brun,

> Première édition, fort rare et recherchée comme très-importante pour
> l'histoire de la lexicologie française. Les mots y sont classés selon leur
> racine.

106. DICTIONNAIRE PROVENÇAL et françois dans lequel on trouvera les mots provençaux et quelques phrases et proverbes
expliquez en françois avec les termes des arts libéraux et
mécaniques... par le Père Sauveur André Pellas, religieux
minime. *A Avignon, chez Fr.-Séb. Offray,* 1723. In-4, v.
brun.

> Rare.

107. LA CRUSCA PROVENZALE, overo le voci... che la lingua

toscana ha preso dalla provenzale, con aggiunti da Ant.
Bastero. *Roma, 1724.* In-fol. front. gravé, cart.

> Ouvrage curieux et peu commun; il n'en a paru que le premier volume.
>
> Bel exemplaire, entièrement NON ROGNÉ.

108. Harangues de Démosthène avec des remarques (par
de Tourreil). *A Paris, chez Antoine Dezallier,* 1691. In-8,
mar. rouge, fil. tr. dor. (*Anc. rel.*)

2. *Poésie*

I. Poètes grecs et latins.

109. Phædri Fabulæ et Publii Syri Sententiæ. *Parisiis, ex
Typographia regia,* 1729. In-24, front. gravé, par Ph.
Simonneau, en feuilles.

> Jolie édition en caractères très-fins.

110. ANACRÉON, Sapho, Bion et Moschus, traduction
nouvelle en prose, suivie de la Veillée des fêtes de Vé-
nus et d'un choix de pièces de différens auteurs, par
M. M*** C*** (J.-J. Moutonnet de Clairfons). *A Paphos,
et se trouve à Paris, chez Le Boucher,* 1778. Gr. in-8, titre
rouge et noir, figures, v. éc. fil. tr. dor.

> Bel exemplaire de la PREMIÈRE ÉDITION, en GRAND PAPIER DE HOLLANDE,
> orné de figures, vignettes et culs-de-lampe d'après EISEN, gravés par Mas-
> sard et Duclos.

111. Odes d'Anacréon, traduction nouvelle en vers (par
P.-H. Anson). *A Paris, chez Du Pont,* 1795. In-12, mar.
rouge, fil. tr. dor. (*Anc. rel.*)

112. T. LUCRETII CARI de Rerum Natura libri VI, a Dion.
Lambino ex auctoritate quinque codd. mss. emendati
atque restituti et commentariis illustrati. *Francofurti,
apud hæredes Andreæ Wecheli,* 1583. In-8, vélin blanc,
fil. tr. dor.

> Très-bel exemplaire au chiffre et aux premières armes de DE THOU.

113. LES GÉORGIQUES de Virgile, traduction nouvelle
en vers françois, enrichies de notes et de figures, par

M. Delille. *A Paris, chez C. Bleuet,* 1770. In-8, figures,
v. marb. (*Rel. du temps.*)

Première édition de cette excellente traduction.
Exemplaire sur PAPIER DE HOLLANDE, orné d'un frontispice par Casa-
nova et de 4 figures par EISEN, en bonnes épreuves.

114. Quinti Horatii Flacci Opera. *Parisiis, e Typographia
regia,* 1733. In-24, en feuilles.

Jolie édition en caractères très-fins.

115. Quinti Horatii Flacci Poëmata, scholiis sive annota-
tionibus, instar commentarii illustrata a Joanne Bond.
Aurelianis, typis Couret de Villeneuve, 1767. In-12, mar.
rouge, dos orné, fil. tr. dor. (*Anc. rel.*)

Jolie édition imprimée à Orléans.

116. GASP. DE VARADIER de Saint-Andiol, doct. theol., Juve-
nilia, seu de diversis diversa carmina jam in lucem edita,
nunc vero aucta, et ab ipso authore accuratius emendata, in
tres carminum, traductionum et odarum partes divisa. *Arelate, ex typographia Claudii et Jacobi Mesnier,* 1679. —
De Vita Christi carmen. *Arelate,* 1680. Ens. 2 ouvrages en
1 vol. in-4, v.

Volumes peu communs imprimés à Arles.

II. Poëtes macaroniques.

117. ANTONIUS ARENA Provincialis de Bragardissima villa de
Soleris, ad suos compagnones studiätes, qui sunt de per-
sona friantes bassas dansas in gallanti stilo bisognatas...
cum Guerra romana ad longum sine require : Et cum
guerra Napolitana : Et cum reuolta Genuensi : Et guerra
Auenionensi : Et epistola ad falotissimam garsam pro pas-
sando lo tempus alegramentum mandat. *A Lyon, par Benoist Rigaud,* 1572. Pet. in-8, 43 ff. ch. car. ronds, vélin.

118. MEYGRA ENTREPRIZA catoliqui imperatoris quädo
de anno dñi mille. CCCCC.XXXVI veniebat per Prouensä
bëñe corrosatus... per A : ärenam bastifansata. (A la

fin :) *Finis. Imprime auinione millo* CCCCCXXXVII (1537). Pet. in-8 goth., mar. bleu, compart. tr. dor. (*Simier.*)

Première édition, extrémement rare. Raccomm. au coin supér. des derniers ff.

119. Meygra Entreprisa catoliqui imperatoris quando de anno domini M.D.XXXVI, veniebat per Provensam bene corrossatus in postam prendere Fransam cum villis de Provensa ; propter grossas et menutas gentes rejohire per Antonium Arenam bastifansata. *Lugduni*, 1760. In-8, v. éc. fil. dor. (*Rel. du temps.*)

Jolie édition dont il n'a été tiré que 150 exemplaires dans le format in-8.

III. Poètes français.

120. Mémoires historiques sur Raoul de Coucy, et le recueil de ses chansons (par J.-B. de La Borde). *A Paris, de l'imp. de Ph.-D. Pierres*, 1781. 2 vol. pet. in-8, portraits et figure gravée, mar. olive. (*Anc. rel.*)

Exemplaire en GRAND PAPIER,

121. LES ŒUVRES de maistre Alain Chartier, contenans l'Histoire de son temps, l'Espérance, le Curial, le Quadrilogue et autres pièces, toutes nouvellement revues, corrigées et de beaucoup augmentées par André Du Chesne Tourangeau. *A Paris, chez Samuel Thiboust*, 1617. Fort vol. in-4, vélin.

C'est la meilleure de toutes les éditions.

122. ŒUVRES poétiques de Mellin de S. Gelais. *A Lyon, par Antoine de Harsy*, 1574. Pet. in-8, v. marb.

C'est la meilleure édition de ce poète ; elle est imprimée en caractères italiques, ce qui la distingue d'une contrefaçon publiée sous la même date, mais en caractères ronds.

123. ŒUVRES de Ioachim Dv Bellay Angevin, fidelement reueues et corrigées, oultre les precedentes impressions. C'est à scavoir : la Deffense et illustration de la langue françoise ; l'Olive augmentée ; l'Antérotique de la vieille et ieune amye ; quelques Vers lyriques ; la Musagnœomachie ; le Recueil de poésie et plusieurs autres œuvres

poetiques. *A Paris, par Charles Langelier,* 1561. In-4, dérelié.

Édition collective formée de la réunion des pièces imprimées séparément, avec des titres individuels. Très-bel exemplaire, presque à toutes
marges.

124. LES ŒUVRES françoises de Ioachim Du Bellay gentilhomme angevin et poëte excellent de ce temps, revues
et de nouveau augmentées de plusieurs poesies non en-
cores auparavant imprimées. *A Paris, de l'imprimerie de
Federic Morel,* 1573. In-8 de 12 ff. prél., 559 pp. et 1 f.,
vélin.

Première édition collective, fort jolie et recherchée. Exemplaire grand
de marges.

125. Les Œuvres de Philippes Des Portes, au roy de France
et de Pologne, revues, corrigées et augmentées, outre les
precedentes impressions. *A Lyon, par les héritiers de Benoist Rigaud,* 1699. In-12, car. ital., v. marb.

Exemplaire court de marges, mouillures.

126. La Trompete spirituelle du s[r] [Annibal] de Lortigue
Provençal. *A Lyon, par Thibaud Ancelin,* 1605. In-16,
12 ff. lim. comprenant le titre, épître et sonnets au Roy
et au Dauphin, des stances et un avertissement au lecteur, et 46 feuillets chiffrés ; vélin.

Joli volume de poésies imprimé en caractères italiques.

127. POÉSIES HISTORIQUES ET SATIRIQUES sur le
règne de Louis XIII, de 1620 à 1628. Près de 50 pièces
pet. in-8 ou in-12, rel. en 1 vol., v. br.

Voici la composition de cet important recueil :
1° Eloges du duc de Luynes. Avec l'advis au Roy par Théophile. Ensemble les Répliques. *S. l.,* 1620. 23 pp. ch.
Les Eloges ne servent ici que de point de départ aux plus vives critiques contre le connétable de Luynes, favori de Louis XIII.
2° Le Tout en tout de la cour, ensemble l'Elégie à un vieil cavalier françois envoyée par un des messieurs de l'assemblée de Loudun. *S. l.,* 1620.
6 pp. ch. et 1 f. bl.
Contre le connétable de Luynes. Le titre vient de ce que chacun des
24 vers de la première pièce finit par le mot : *tout.*
3° Les Contre-Vérités de la cour, avec le Monstre à trois testes. *S. l.,*
1620. 8 pp.
La première pièce est une satire virulente et habilement tournée contre
les gens de la cour ; la seconde est dirigée contre le connétable de Luynes
et ses deux frères.
4° Le Monstre à cent testes, ou Response de la Fortune à l'Envie, pour
repartie et contrepointes au Monstre à trois testes. *S. l.,* 1620. 7 pp. ch.

Cette pièce, signée des initiales : *Sch.* est une réponse à la précédente, pour la défense du duc de Luynes. Une gravure allégorique au verso du titre.

5º L'Ombre du marquis d'Ancre à la France, avec les admirables propriétez de l'absynthe nommée... des François l'herbe de l'*Aluyne*. Le tout recueilly par un secrétaire de la Faveur, disciple de Tabarin. S. *l.*, 1620. 14 pp. ch. et 1 f. bl.

Encore une satire contre le duc de Luynes ; on y joue sur le mot l'*Aluyne*.

6º Les Resveries de la royne. S. *l.*, 1620. 14 pp. ch. et 1 f. bl.

Contre le même. Elle a plus d'allure historique que les précédentes.

7º Les Jeux de la cour. S. *l.*, 1620. 7 pp.

Petites pièces contre les favoris du roi.

8º Le May de Paris. S. *l.*, 1620. 8 pp.

9º Le Donnez-vous garde du temps qui court. S. *l. n. d.* (v. 1620). 15 pp. ch.

Pièce très-curieuse pour l'étude des mœurs.

10º L'Emprisonnement D. C. D. présenté au roy. S. *l. n. d.*

Fragment d'une plaquette plus étendue. Il contient en entier une pièce de vers occupant 4 pp. (cotées 13 à 16), et précédée de cet autre titre : L'*Emprisonnement de M. le C. C. Envoyé au roy.*

11º *Le Salve Regina des prisonniers arestez par le commandement du roy,* etc. S. *l. n. d.* 8 pp.

12º *Le Purgatoire des prisonniers, envoyé au roy.* S. *l. n. d.* 10 pp.

13º *Le Nouveau Purgatoire des prisonniers,* etc. S. *l. n. d.* 16 pp.

14º L'Enfer de l'advocat de Montauban (sans titre spécial). S. *l. n. d.* 14 pp. et 1 f.

Contre les protestants et en faveur du roi.

15º La Sauterelle démasquée à la France. S. *l. n. d.* pp. 1 à 8 (incomplet).

Contre un traité du jésuite Santarelli condamné par le Parlement en 1626.

16º Ode sur la victoire navale de Mgr le duc de Guyse. S. *l. n. d.* pp. 1 à 8 (incomplet).

17º Noël. Ensemble le Pasquin des Chevaliers. S. *l.*, 1620. 8 pp.

Contre le duc de Luynes.

18º Mervéilleux présages de gloire et de fœlicité à l'heureux reigne du... roy... Louis XIII, par Th. Billon. *A Grenoble, par Th. Arnaud d'Armosin,* 1621. 8 pp.

19º La Prière du Gascon, ou lou diable soit des Houguenaux. S. *l.*, 1622. 14 pp. et 1 f. bl.

20º Les Palmes de Louys le Juste, entretissués d'olives et lauriers, en trois odes, dédiées à S. M. par M. I. M. prestre, etc. *Paris; Ch. Morlot,* 1622. 64 pp.

21º La Trompette de salut aux Huguenots de ce temps. S. *l.*, 1622. 14 pp. et 1 f. bl.

22º Antienne des Spalmes (*sic*) pénitentiaux, des fidelles de la Rochelle et de Montauban pénitents, ensemble la Responce de S. M. à ces bons réformez. S. *l.*, 1622. 7 pp.

23º Essais de poésie dédiée à Henry le Grand ou plustost à sa statue de bronze de Paris. S. *l.* 1623. 13 pp. et 1 f. bl.

24º Hymne pour le jeusne. Ensuite une prière sur le même sujet. S. *l.*, 1623. 13 pp. et 1 f.

25º Cantique sur le chant des Commandemens. Et en suitte une prière à Dieu pour la continuation de la paix (sans titre spécial). S. *l. n. d.* 16 pp.

26º Satyre ou crève-cœur du vieux soldat. S. *l.*, 1623. 32 pp.

27º Pasquil satyrique du duc de (***) sur les affaires de France depuis l'année 1585 jusques en l'année présente 1623. S. *l.*, 1623. 29 pp. et 1 f. bl.

Curieuse revue historique en vers.

28º Songe prophétique des futures victoires du roy... Loys XIII. Disposé par personnages. Par M. P. D. S. *Imprimé à Paris pour l'autheur*, 1624. 56 pp.

Prose et vers. Portrait du roi gravé sur bois.

29° Le *Salve Regina* des financiers à la Reyne Mère. *S. l.*, 1624. 4 pp.

30° La Muse infortunée contre les froids amis du temps. *S. l.*, 1624. 12 pp. et 2 ff. bl.

Ode adressée à M. Des-Yveteaux, precepteur du roy, et signée Garnier (voir Brunet, art. Garnier, Claude). Fort intéressante pour l'histoire littéraire. Elle est suivie d'un sonnet à M. de Belin, écuyer de la feue reine Marguerite.

31° Pasquil satirique du duc de Rohan à M. le Connestable [le duc de Lesdiguières]. *S. l.*, 1624. 29 pp. et 1 f. bl.

Nouvelle édition de la pièce décrite ci-dessus, au n° 27.

32° LE PASSE PARTOUT DES PONTS-BRETONS. Corrigé et augmenté de toutes les plus belles pièces. *S. l.*, 1624. 16 pp. ch., caract. ital.

Pièce rarissime dans laquelle un rimeur inconnu critique, en termes des plus orduriers, les grandes dames et les principaux personnages de la cour de Louis XIII. Elle est composée ds 34 sixains et est terminée par une *Stance satirique au Roy*.

33° Le Tout en tout des Bons Bretons (*sic*). *S. l.*, 1624. 11 pp. ch. et 2 ff. bl. car. rom.

Même pièce que celle ci-dessus, mais avec des modifications considérables. Les sixains 9, 14, 19, 21, 23, 26, 28, 31 et 33 (dix en tout) de l'édition précédente ne se trouvent pas dans celle-ci, qui, en revanche, a en plus neuf autres stances : 10, 11, 15, 16, 17, 18, 22, 23 et 26. Dans ceux communs aux deux éditions il y a des différences notables de rédaction, et le nombre de vers par stance est irrégulier (6, 7 ou 8). *La Stance satirique au roy* de la pièce précédente est omise dans celle-ci.

34° Le Satyrique de la court. *S. l.*, 1624. Pp. 1-24 (incomplet), car. ital.

La pièce que le titre indique est complète ; elle s'arrête à la page 23, et est suivie du *Pasquil de la court pour apprendre à discourir*, dont il manque les huit dernières pages.

35° Très-humble requeste de Théophile à Mgr le premier président. *S. l.*, 1624. 15 pp.

36° Au Roy. *S. l.*, 1625. 2 ff. et 15 pp.

Remerciements en vers des écoliers du collège de Clermont, de la Cie de Jésus.

37° Les Plainctes de M. le duc de Vendosme, au roy. *S. l. n. d.* (1626). 16 pp.

38° Le Pasquil ou Plaincte sur la réformation des habits. *S. l. n. d.* (1626). 6 pp. et 1 f. bl.

39° La Misère des clercs des procureurs, etc. *Paris, A. Robinot*, 1627. 24 pp.

Les deux dédicaces sont signées : *de Tournabons*.

40° La Response à la Misère des clercs des procureurs, ou l'Innocence deffendue, par Mme Choiselet et consorts ses disciples. *Paris*, 1628. 32 pp.

41° Pour le Roy allant chastier la rébellion des Rochelois et chasser les Anglois... Ode [par MALHERBE] (simple titre de départ). *S. l. n. d.* (1628). 20 pp.

Edition originale de l'Ode : *Donc un nouveau labeur*, etc. Elle est suivie d'une lettre au roi et d'un sonnet sur la mort du fils de Malherbe.

42° Le Triomphe de la France sur la fuitte des Anglois. *Paris, J. Martin*, 1627, 7 pp.

43° et 44° In restitutam Ludovico justo... valetudinem. Authore Yvone Duchatio... *S. l.*, 1627. 16 pp.

En vers grecs et latins, suivis d'une traduction en prose française. A la suite se trouve, du même auteur, un éloge, en grec, du maréchal de Schomberg, le vainqueur des Anglais. (*S. l. n. d.*, 8 pp.)

45° Indignatio Valeriana, sive parisiensis Academiæ querimonia... Nic. Borbonius. *S. l. n. d.*, 8 pp.

46° Leonora (titre de départ). *S. l. n. d.*, 4 pp.

En vers latins. Deux exemplaires.

47° Description des hauts faicts et merveilles du mareschal de Gassion (par Jos. Marion), *S. l. n. d.*, 8 pp., car. ital.

48° Quatrains moraux pour l'instruction de la jeunesse, par Louys Dorléans. *Paris, F. Targa,* 1631, portr.

La majeure partie de ces pièces sont extrêmement rares ; peu d'entre elles, sont signalées au *Manuel* et quelques-unes avaient même échappé aux recherches du P. Lelong et de ses continuateurs. Un certain nombre, entre autres les pièces contre le connétable de Luynes, paraissent avoir été imprimées dans le Languedoc.

Certaines de ces pièces sont trop rognées en tête ; d'autres ont des témoins dans le bas. Qq. piq. de vers.

128. LES ŒUVRES de M. François de Malherbe, gentilhomme ordinaire de la chambre du Roy. *A Paris, chez Charles Chappellain,* 1630. Fort vol. in-4 de 24 ff. prél. n. ch., 720 pp. pour la prose (la dernière cotée par erreur 820), et 228 pp. pour les poésies; portr.,veau br.(*Anc. rel.*)

ÉDITION ORIGINALE, sur papier supérieur, et du *premier tirage*, constaté par M. Potier, c'est-à-dire avant les 18 lignes ajoutées au recto du f. *a* 4 du *Discours.* Les exemplaires en sont extrêmement rares. Le nombre de pages des deux parties de cette édition a partout jusqu'ici été indiqué d'une manière inexacte. Elle est ornée d'un superbe portrait de Malherbe, gravé par L. Vorsterman, d'après Daniel du Monstier.

Magnifique exemplaire presque non rogné. Hauteur : 249 millimètres et demi.

129. Les SATYRES du sieur Regnier. Dernière édition, revue, corrigée et de beaucoup augmentée, tant par le sieur de Sigogne que de Berthelot. *A Paris, chez Nicolas et J. de la Coste,* 1645. In-8, vélin.

Exemplaire taché.

130. LES CHEVILLES de M° Adam, menuisier de Nevers. *A Paris, chez Toussainct Quinet,* 1644. In-4, v. br.

ÉDITION ORIGINALE; le portrait, qui manque souvent, s'y trouve.

131. LES BERGERIES de M^ro Honorat de Bueil, chevalier, sieur de Racan. *A Paris, chez Toussainct Du Bray,* 1625. In-8, mar. rouge, fil. tr. dor. (*Anc. rel.*)

ÉDITION ORIGINALE. Bel exemplaire, réglé.

132. Le SEJOUR DES MUSES, ou la Cresme des bons vers triez du meslange et cabinet des sieurs de Ronsard, Du Perron, Aubigny, de Malerbe, de Lingendes, Motin, Maynard, Théophile, de Bellan et autres bons auteurs. *A Rouen (jouxte la copie imprimée à Lyon),* 1627. In-8, v. marbré.

Même édition que la première, de 1626, avec un nouveau titre. Déchirure à la page 373 ; quelques taches ; l'exemplaire est mal rogné.

133. RECUEIL DES PLUS BEAUX VERS de MM. de Malherbe, Racan, Maynard, Bois-Robert, Monfuron, Lingendes, Touvant, Motin, de Lestoille et autres divers auteurs des plus fameux esprits de la cour, revues, corrigez et augmentez. *A Paris, par Pierre Mettayer,* 1638. In-8, v. marbré.

Édition la plus complète de ce recueil.

134. RECUEIL DE DIVERSES POÉSIES des plus célèbres autheurs du temps, contenant la Belle Gueuse, la Belle Aveugle, la Muette ingrate, la Belle Sourde, la Belle voilée, la Vieille amoureuse, Métamorphoses des yeux de Philis changez en astres, Métamorphoses de Ceyx et d'Alcyoné, le Temple de la Mort, le Temple de la Gloire, lettre héroïque, la Souris, madrigaux sur diverses couleurs, l'Indiscret, et autres pièces curieuses. *A Paris, chez Louis Chamhoudry,* 1657. 2 parties en 1 vol. in-12, v. br.

Édition des plus complètes. Rare.

135. NOUVEAU CABINET des Muses, ou l'Eslite des plus belles poésies de ce temps (par de Lamothe). *A Paris, chez la veuve Edme Pepingué,* 1660. In-12, v. br.

Fort rare.

136. ŒUVRES de Nicolas Boileau-Despréaux avec des éclaircissemens historiques donnez par lui-même. *A la Haye, chez Isaac Vaillant, P. Gosse et P. de Hondt,* 1722. 4 vol. in-12, frontispice, portrait et figures pour le *Lutrin* dessinées et gravées par B. Picart, v. gran.

Jolie édition, très-recherchée.

137. ŒUVRES de M. Boileau-Despréaux, nouvelle édition, avec des éclaircissements historiques donnez par lui-même et rédigés par M. Brossette, augmentée de plusieurs pièces, tant de l'auteur qu'aiant rapport à ses ouvrages, avec des remarques et des dissertations critiques, par M. de Saint-Marc. *A Paris, chez David et Durand,* 1747. 5 vol. in-8, portrait et vignettes d'*Eisen,* v. marb.

Bel exemplaire d'une édition remarquable par son exécution typographique.

138. FABLES choisies, mises en vers par M. de la Fon-

taine. *A Paris, chez Claude Barbin*, 1669. In-12, v. br.

> Édition en petits caractères contenant l'Epistre à M. le Dauphin (3 ff.), la préface (10 ff.), la vie d'Ésope (20 ff.), la table des Fables (2 ff.), et les 6 premiers livres (142 pages chiffrées); le privilége est suivi de cette mention: *Achevé d'imprimer pour la première fois le 31 mars 1668.*
> Hauteur : 144 millimètres.

139. FABLES CHOISIES, mises en vers par J. de la Fontaine. *A Paris, chez Desaint et Saillant*, 1755-1759. 4 vol. in-fol, front. portrait et figures d'Oudry, mar. olive, fil. tr. dor. (*Anc. rel.*)

> Les figures sont tirées sur papier bleuté.

140. CONTES ET NOUVELLES en vers de M. de la Fontaine, nouvelle édition, enrichie de tailles-douces. *A Amsterdam, chez Henry Desbordes*, 1685. 2 tomes en 1 vol. in-12, front. et fig. à mi-pages, v. brun.

> Cette édition contient le PREMIER TIRAGE des jolies figures de ROMAIN DE HOOGHE.

141. POÈME DU QUINQUINA et autres ouvrages en vers, par M. de la Fontaine. *Paris, chez Denis Thierry et Claude Barbin*, 1682. In-12, de 2 ff. prélim. et de 242 pp., v. br.

> ÉDITION ORIGINALE. On y trouve, en outre, la *Matrone d'Ephèse, Belphégor* et les deux opéras : *Galatée et Daphnis*, imprimés pour la première fois.
> Bel exemplaire; quelques ratures à l'encre sur le titre. Hauteur : 160 millimètres.

142. PRÉCEPTES GALANS, poëme, par M. Ferrier. *A Paris, chez Claude Barbin*, 1678. In-12, v. br.

> Volume fort rare.

143. RECUEIL DE POÉSIES CHRÉTIENNES ET DIVERSES dédié à monseigneur le prince de Conty, par M. de la Fontaine. *A Paris, chez Jean Couterot*, 1682. 3 vol. in-12, v. marbré, fil. tr. dor. (*Rel. anc.*)

> Bel exemplaire de ce recueil publié par L.-H. Loménie de Brienne et contenant des poésies de divers auteurs, dont certaines ne se trouvent pas ailleurs. Le tome III se trouve rarement réuni aux deux autres.

144. Recueil des plus belles pièces des poëtes françois tant anciens que modernes, avec l'histoire de leur vie, par l'auteur des Mémoires et voyages d'Espagne (Mᵐᵉ d'Aulnoy). *A Amsterdam, chez Georges Gallet*, 1692. 5 vol. pet. in-12, front. gr. v.

> Livre connu sous le titre de *Recueil de Barbin*, parce que les notices qui en font partie passent pour être l'ouvrage de Fr. Barbin, fils du libraire. Les pièces ont été choisies par Fontenelle.

145. Recueil des plus belles pièces des poëtes françois, depuis Villon jusqu'à Benserade. *A Paris, par la compagnie des libraires*, 1752. 6 vol. in-12, v. marbré.

Édition augmentée du recueil précédent.

146. LE MARÉCHAL DUC DE VILLARS, ode qui a remporté le prix au jugement de l'Académie des Belles-lettres de Marseille, par M. Roborel de Climens, avocat au parlement de Bordeaux. *A Marseille, chez J.-Bapt. Boy* (1729). In-8, de 32 pp., mar. rouge, tr. dor.

Exemplaire aux armes du maréchal DUC DE VILLARS. Ses armoiries sont aussi imprimées sur le titre.

147. LE COMMERCE, ode qui a remporté le prix de la poésie, au jugement de l'Académie des Belles-lettres de Marseille, par M. Dardène, associé étranger de ladite académie, en l'année 1731. *Marseille, chez la veuve Boy*, 1731. In-8, de 63 pp., mar. r. dos fleurdelisé, fil. tr. dor.

Exemplaire aux armes du maréchal DUC DE VILLARS.

148. L'Art de peindre, poëme, avec des réflexions sur les différentes parties de la peinture, par M. Watelet. *A Paris, de l'imprimerie de M.-L. Guérin et L.-J. Delatour*, 1760. Pet. in-8, front. et vignettes gravées, v. gr. fil.

149. Les Jardins, ou l'Art d'embellir les paysages, poëme par M. l'abbé de Lille. *A Paris, chez Valade et Cazin*, 1782. In-18, v. éc. fil. tr. dor.

150. Etrennes lyriques, anacréontiques pour l'année 1788, *Paris*, 1788. In-18, v. marbré, fil. tr. dor.

151. LA PUCELLE D'ORLÉANS, poëme en vingt-un chants, par Voltaire, édition ornée de figures gravées par les meilleurs artistes de Paris. *A Paris, de l'imprimerie de Didot le jeune, l'an troisième*. In-4, portrait et figures de Monsiau, Monnet et Marillier, v. jaspé, fil. tr. dor. (*Rel. du temps.*)

Très-bel exemplaire.

152. JOSEPH, par Bitaubé, sixième édition, revue et corrigée. *A Paris, de l'imprimerie de Didot l'aîné*, 1797. 2 vol. in-16, figures de Marillier, papier vélin, v. rac. dent. tr. dor.

Très-joli exemplaire.

IV. Poésies en patois de la France.

153. Las Obros de Pierre Goudelin, augmentados d'uno noubèlo floureto. *A Toulouso, per Pierre Bosc*, 1648. — La Floureto noubelo del Ramelet moundi de Pierre Goudelin. *A Toulouso,* 1647. 2 ouvr. en 1 vol. in-4, v. gran.

> Première édition complète des *Œuvres* de ce poète languedocien, et la dernière publiée de son vivant. C'est bien en réalité l'édition de 1647 ; l'achevé d'imprimer est du 15 juillet de cette année et un chiffre 1 a été ajouté après coup au millésime primitif du titre, pour rafraîchir la date. Le *Dictionnaire de la langue tolosaine* mis à la suite, est de Doujat. *La Floureto noubelo*, qui a un titre et une pagination distinctes (104 pp.), est fort rare.

154. Le Dret Cami del cél dins le pays moundi; o la Bido del grand patriarcho Saint Benoist. Le tout despartit en diberses Cants, tan jouyouses, que debouciouses, é claufit de Mouralos tirados del Texto Sacrat é de la Douctrino des Sants Payres. Per B. Grimaud. *A Toulouso, per Frances Boude,* 1659. In-8, front. gravé, vélin.

> Fort rare.

155. JARDIN DEYS MUSOS PROVENSALOS divisat in quatre partidos, per Claude Brueys, escuyer d'Aix. *A Aix, Estienne David,* 1628. 4 part. en 2 vol. in-16, mar. v. fil. tr. dor. (*Anc. rel.*)

> Rare. Court de marges en tête ; les chiffres de la pagination sont atteints.

156. LA PERLO deys Musos et coumedies prouvensalos, per M. Gaspar Zerbin, avoucat. *A Aix, aquo de Iean Roize,* 1655. In-16, v. fauve, dent. tr. dor. (*Anc. rel.*)

> Volume précieux et rare. Le titre a des raccommodages.

157. PARAPHRASO ‖ PROVVENSALO ‖ Sur leys sept Pseaumés ‖ Penitenciaux, ‖ Per Iean Sicard de la Tourré ‖ d'Aigués. ‖ *A Ays, aquo de Iean Roize, à la Plaço dey Préchus. Émé approubacien, MDCLVI* (1656). In-8, 60 pp., vélin.

> Première édition d'un livre tellement rare qu'on n'en connaît aujourd'hui qu'un seul exemplaire, celui de M. Bory, de Marseille, incomplet de 4 ff. Le notre est bien complet, grand de marges et en parfait état sauf une piqûre de vers dans la marge du fond.
>
> Le volume débute par une épître dédicatoire en vers provençaux, adressée au duc de Lesdiguières, baron de la Tourré d'Aigués, patrie du

traducteur. Le texte latin des psaumes est en regard de la traduction, est imprimée en caractères italiques. M. Deschamps qui, dans son *Supplément*, décrit ce volume non cité au *Manuel*, dit qu'il est orné d'une gravure au *frontispice*, et d'une autre, représentant David jouant de la harpe. Le *titre* porte bien une vignette en bois, représentant le roi psalmiste à genoux, mais il n'y a nulle autre gravure, et le volume, relié à l'époque, ne semble en comporter aucune, d'où il paraît résulter que l'exemplaire de M. Bory avait une gravure ajoutée et n'appartenant pas au volume.

L'abbé L. Lambert, professeur de théologie à Aix, semble avoir pressenti l'intérêt que ce volume offrirait aux philologues, car dans son approbation il déclare cette paraphrase « fort curieuse aux personnes litérées (*sic*). »

158. Cantiques provençaux, ou les pseaumes, les hymnes et les prières de l'Église sont exposés d'une manière proportionnée à l'intelligence des plus simples. *A Aix, chez Guill. Le Grand,* 1702. In-12, v. br.

Volume rare. La traduction en vers provençaux est de J.-Bapt. d'Isnard, chanoine de l'Eglise collégiale de Salon.

159. Cansons spirituelos en provençau a l'usagi des missions deï PP. de l'Oratoire (par le P. J.-J. Gautier). *Marseille, chez la Ve d'Henry Martel,* 1711. 243 pp. et 1 f. — Lou Trimfe de la lengouo gascouo... per J.-G. d'Astros de Sent Ela de Loumaigno. *A Toulouso, chez Antoino Birosse,* 1762. xii-204 pp. — Lou Crebo-couert d'un paysan sur la mouert de son Ay. Eme la souffranço et la miseri dei fourças que son en galero (par C. Feau). *S. l. n. d.* 30 pp. — Ce que esperavian pas, ou Jean-Pierre vengu de Brest, intermède provençal, par le sieur B. Bonneville. *Sur l'imprimé à Marseille. S. d.* (1790). 15 pp. — Lou Catounet gascoun Bondat à Mousseigné de Fontarailles (par G. Ader). *A Toulouso, S. Henault,* 1774. 22 pp. — Dialogue de l'ombre de feu M. l'abbé de Nant, avec son valet Antoine (titre de départ). *S. l. n. d.* 15 pp. (en vers français et languedociens ; deux figures sur bois, satyriques). Ensemble 6 pièces en 1 vol. in-12, bas.

Recueil de pièces fort rares. Les cantiques provençaux sont suivis de cantiques en français.

160. Cantiques spirituels à l'usage des missions, en langue vulgaire (par J.-Jacq. Gautier, P. de l'Oratoire). Nouvelle édition, augmentée et rétablie sur l'original. *A Avignon, chez Fortunat Labaye,* 1735. In-12, 2 ff., 412 pp. et 2 ff., v. gran.

97 cantiques provençaux et 40 cantiques français ; les pp. 252 et 253 sont manuscrites.

161. Cantiques spirituels à l'usage des missions de Provence, en langue vulgaire (par le P. J.-J. Gautier). Nouvelle édition augmentée... *A Marseille, chez Jean Mossy,* 1756. In-12, 2 ff., 422 pp. et 2 f., v. marbré.

> 102 cantiques provençaux et 41 cantiques français.

162. CANTIQUES SPIRITUELS à l'usage des catéchismes et des missions, composés par le P. D. P. P. D. L. D. C. *A Avignon, chez François Mallard. S. d.* In-12, 239 pp. et 6 ff., veau br.

> 85 cantiques provençaux et français différents de ceux du P. Gautier, qui précèdent. Volume fort rare.

163. RECUEIL des noëls provençaux composés par le sieur Nicolas Saboly, bénéficier et maître de musique, de l'Église de Saint-Pierre d'Avignon. 3ᵉ édit. *A Avignon, chez François Joseph Domergue, s. d.* (1737). In-12, v. marbré.

164. RECÜIL de pouesiés prouvençalos de M. F. T. G. (F. Toussaint Gros) de Marsillo. *A Marseille, chez Fr. Berte et D. Sibié,* 1734. In-8, v. marbré.

> La plus ancienne édition connue de ces poésies. Fort rare.

165. RECUIL de pouesiés prouvençalos de M. F. T. Gros de Marsillo. *A Marseille, chez Sibié,* 1763. In-8, v. éc. fil. tr. marbr.

> Nouvelle édition, augmentée.

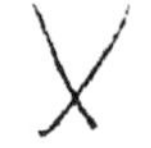

166. NOEI BORGUIGNON de Gui Barozai. *Ai Dioni, ché Abranly-ron de Modéno,* 1720. In-12, 4 ff., 416 pp., éloge funèbre de l'auteur et musique, v. marbré.

> Édition la plus recherchée des célèbres noëls de Bern. de La Monnoye. (Voir une longue notice dans le *Manuel*.) Très-rare.

V. Poètes italiens, allemands, etc.

167. LE RIME di Trissino. *Vicenza, per Janiculo,* 1529. Pet. in-4, vélin.

> Première édition. On y a fait usage des lettres grecques (ω pour o et ε pour e) que venait d'adopter l'auteur.

168. IL GOFFREDO overo Gierusalemme liberata, poema heroico del Sig. Torquato Tasso. *In Amsterdam, nella stamperia del S. D. Elsevier, et in Parigi si vende appresso*

Thomaso Jolly, 1678. 2 vol. in-24, front. et fig., mar. vert, fil. tr. dor. (*Anc. rel.*)

Jolie édition, ornée de fig. de Séb. Le Clerc.

169. Le Rime di Lodovico Ariosto. *In Vinegia,* 1546. — Rime de la diva Vetuoria Colonna de Pescara. *Venegia,* 1540, fig. s. b. — Laberinto d'amore di M. G. Boccaccio. *Venegia,* 1536. 3 part. en 1 vol. pet. in-8, vél.

L'édition des poésies de l'Arioste de 1546, ornée de son portrait, est fort rare; elle contient quelques pièces qui ne se trouvent pas dans les autres.

Exemplaire portant la signature du poète Dorat (Auratus), et de longues notices d'un bibliophile cambresien datées de 1823 et 1824.

170. Richardet, poëme (traduit en vers français de l'italien de Carteromaco, masque de Fortiguerra, par Anne-François Duperrier-Dumouriez, père du général). *A Londres (Cazin),* 1781. 2 vol. in-18, front. gravés, mar. rouge, fil. tr dor. (*Rel. du temps.*)

Joli exemplaire, dans une reliure très fraîche.

171. Bertoldo con Bertoldino e Cacassenno in ottava rima, con Argomenti, allegorie, annotazioni, e figure in rame. *In Bologna nella stamperia di Lelio dalla Volpe,* 1736. In-4, fig., vélin.

Première édition, peu commune. Les fig. sont de J.-M. Crespi.

172. MUSARION ou la Philosophie des Grâces, poëme en trois chants de Wieland, traduit de l'allemand par M. de Laveaux. *A Basle, chez J.-Jacques Thurneysen,* 1780. In-8, fig. de Saint-Quentin, mar. rouge, dos orné, fil. tr. dor. (*Rel. anc.*)

Très-joli exemplaire sur papier de Hollande.

173. LES SAISONS, poëme, traduit de l'anglois de Thompson. *A Paris, chez Chaubert et Herissant,* 1759. In-8, fig., mar. rouge jans. dent. int. tr. dor. (*Anc. rel.*)

Ouvrage orné d'un frontispice, de 4 figures et 4 culs-de-lampe d'après Eisen, gravés par Baquoy.
Premier tirage des gravures. La reliure est d'une grande fraîcheur.

174. Satyres du prince Cantemir, traduites du russe en françois, avec l'histoire de sa vie. *A Londres, chez Jean Nourse,* 1750. 2 part. en 1 vol. in-12, mar. bl. fil. tr. dor. (*Anc. rel.*)

nissent le texte, écrit en lettre gothique moulée, très droite et bien régulière.

Beaucoup de lignes restent en blanc dans le calendrier où on lit les noms d'un grand nombre de saints dont le culte est plus spécial aux contrées flamandes, tels que : *ste Aldegonde, s. Amand*, évêque de Maestricht, *s. Lambert*, évêque de Liège (nom écrit exceptionnellement en rouge), *s. Bavon, s. Hubert, s. Willibrod*, évêque d'Utrecht, etc., *s. Odulphe*, chanoine d'Utrecht, *s. Lebvin* (juin), missionnaire dans les Pays-Bas et patron de Deventer. Dans la litanie, on lit, entre autres le nom de *ste Ode*, honorée dans le pays de Liège, et celui de *ste Kunére*, honorée à Rhénen, près d'Utrecht. Tout cela porterait à croire que le volume a été au moins écrit dans le diocèse d'Utrecht.

La conservation de ce beau volume est irréprochable.

19. HORÆ. — Gr. in-8, de 142 ff.; miniatures, lettres ornées; ais de bois recouverts de velours vert, coins et milieu en métal doré et repoussé, tr. dor. et cis. (*rel. moderne*).

Fort beau manuscrit sur VÉLIN, ayant appartenu au roi LOUIS XII, et conséquemment exécuté entre 1498 et 1515.

Il est orné de QUINZE TABLEAUX occupant toute la page et divisés (sauf la dernière) en trois (et une fois en quatre) compartiments, ce qui donne QUARANTE-QUATRE sujets différents, et de QUINZE autres MINIATURES de petites dimensions.

Le calendrier, écrit en rouge et noir, occupe les douze premiers feuillets. Le livre entier est en latin, à l'exception des trois pages (f. 125 v°-126 v°), contenant : *Les Dix Commandemens de la loy*, en quatrains.

Les grandes miniatures sont entourées d'un cadre architectural de style gothique, en camaïeu or. Les compartiments sont disposés en général de telle sorte que le sujet principal occupe les deux tiers de la page en hauteur et largeur, du côté gauche, et que les sujets secondaires forment deux miniatures latérales, l'une tout en hauteur, l'autre tout en largeur. En voici la liste (H. : 0,177 ; L. : 0,113) :

Première (f. 15) : *Annonciation à la Vierge*. Sur le côté : *Naissance de la Vierge*. Au bas : *Immaculée Conception*.

Deuxième (f. 23) : *Nativité*. Sur le côté : *Adoration des Mages*. Au bas : *Présentation au Temple*.

Troisième (f. 32) : *Baptême de Jésus-Christ*. Sur le côté : *Tentation sur la montagne*. Au bas : *Madeleine aux pieds de Jésus chez Simon*.

Quatrième (f. 34) : *Jésus chassant les vendeurs du Temple*. Sur le côté : *Entrée à Jérusalem*. Au bas : *Résurrection de Lazare*.

Cinquième (f. 36) : *Lavement des pieds*. Sur le côté : *Jésus priant au jardin des Oliviers*. Au bas : *La Cène*.

Sixième (f. 41) : *Judas recevant le prix de sa trahison*. Sur le côté : *Arrestation de Jésus*. Au bas : *Plusieurs soldats envoyés pour arrêter Jésus gisent par terre, renversés par une force surnaturelle*.

Septième (f. 45) : *Jésus insulté au prétoire*. Sur le côté : *Couronnement d'épines*. Au bas : *Flagellation*.

Huitième (f. 49) : *Portement de croix*. Sur le côté : *Pilate livrant Jésus pour être crucifié*. Au bas : *Jésus mis en croix*.

Neuvième (f. 53) : *Jésus crucifié*. Sur le côté : *Descente de croix*. Au bas : *Mise au tombeau*.

Dixième (f. 56) : *Jésus aux limbes*. Sur le côté : *Résurrection*. Au bas : *Saintes Femmes au tombeau du Christ*.

Onzième (f. 61) : *Descente du Saint-Esprit*. — Sur le côté : *Sainte Marie l'Égyptienne*. Au bas : *Jésus en jardinier et·la Madeleine*.

Douzième (f. 74) : *Jugement dernier*. Dieu est assis sur un arc-en-ciel ; à ses côtés, la sainte Vierge et saint Jean-Baptiste, agenouillés. — Sur le côté : *Entrée du ciel*. L'archange Michel, couvert d'une armure, remet les âmes des justes entre les mains·de saint Pierre. Dans le haut, l'ange du jugement sonne de la trompette. — Au bas : *Enfer*.

Treizième (f. 111) : *La Messe de Saint-Grégoire*. — Sur le côté : *Saint François recevant les stigmates*. — Dans le bas, deux compartiments : 1° *saint Hubert ;* 2° un saint dont l'identité est difficile à établir : il est à mi-jambes au milieu d'un cours d'eau, et s'arrête épouvanté à la vue de deux cadavres d'enfants dévorés par des bêtes fauves, un sur chaque rive. On trouvera au catalogue illustré une reproduction de cette belle page.

Quatorzième (f. 114) : *le Corps de Jésus crucifié reposant sur les genoux de sa mère*. — Sur le côté : une sainte vêtue d'une robe noire, avec capuchon, et tenant une rose à la main. — Au bas : *Suzanne au bain, la tête nimbée*.

Quinzième (f. 139) : *Vierge glorieuse*. C'est un tableau remarquable. Parmi les saints qui l'entourent figure saint Louis, roi de France.

Les petites miniatures, de dimensions variées, représentent : 1° *s. Jean l'Évangéliste dans l'île de Patmos* (f. 13 r°) ; — 2° *s. Jean-Baptiste* (f. 95 v°) ; — 3° *s. Jacques l'Apôtre* (f. 96 r°) ; — 4° *s. Laurent* (f. 96 v°) ; — 5° *s. Sébastien* (f. 97 r°) ; — 6° *s. Julien le martyr* (f. 97 v°) ; — 7° *s. Christophe* (f. 98 r°) ; — 8° *s. Julien le Confesseur* (f. 99 r°) ; — 9° *s. Nicolas* (f. 99 v°) ; — 10° *ste Anne* (f. 100 r°) ; — 11° *ste Marie-Madeleine*, avec son vase de parfums (f. 100 v°) ; — 12° *ste Catherine* (f. 101 r°) ; — 13° *ste Marguerite* (f. 101 v°) ; — 14° *ste Apollonie* (f. 102 r°) ; — 15° *ste Barbe* (f. 102 v°).

Ces peintures sont au moins de deux artistes, d'un talent inégal. Quelques-unes des grandes (les 3°, 4°, 5°, 6°, 7° et 8°) accusent, à côté d'une science du dessin réelle, surtout dans le nu, une certaine rudesse dans l'exécution. Presque toutes les autres sont incontestablement de la même main que les peintures de nos superbes heures d'Anne de Bretagne (n° 28 du catal. de 1879), et cette identité est surtout frappante dans les trois dernières grandes miniatures et dans toutes les petites. C'est le même dessin, la même douceur d'expression, la même manière d'agencer les draperies, dont les clairs sont relevés d'or, la même architecture, les mêmes lointains bleus, le même coloris harmonieux, tout un ensemble qui décèle le pinceau d'un des plus grands artistes du temps.

Dans l'encadrement du onzième tableau (f. 61), entre deux arceaux, se trouve enchâssé un petit écusson aux armes de France, portant au milieu deux L contournées et accompagnées du chiffre XII, ce qui constate que ce beau volume a appartenu au roi Louis XII.

Le texte du livre au moins, sinon le tout, a été exécuté dans la région

189. Les Oracles françois, ou Explication allégorique du Balet de Madame, sœur aisnée du roy, ensemble les paralelles de Son Altesse auec la Minerue des Anciens et le Parnasse royal sur mesme subject, œuvre soigneusement recherché, et curieusement enrichi d'allégories, mythologies et morales... par Élie Garel. *A Paris, chez Pierre Chevalier,* 1615. Pet. in-8, v. f. fil. tr. dor. (*Anc. rel.*)

190. Les Victoires de la Paix, ballet qui sera dansé dans le collège de la Sainte-Trinité de la Compagnie de Jésus, le vingt-huitième may 1679. *Lyon, chez Ant. Laurens,* 1679. — L'Empressement des Arts sur le sujet du mariage de Monseigneur le Dauphin. Ballet pour les intermèdes de la tragédie qui sera jouée au collège de la Sainte-Trinité de la Compagnie de Jésus, le seisième juin 1680. *A Lyon, chez Jacq. Canier,* 1680. — Le Soleil, ballet, divisé en deux parties : le Soleil craint, et le Soleil aimé, dansé à l'honneur de Sa Majesté par les écoliers du collège de la Trinité de la Compagnie de Jésus, dans la réception solennelle de messieurs les fondateurs, magistrats de cette ville, le premier de juin 1681. *A Lyon, chez Antoine Molin,* 1681. — Le Secret, ballet qui sera dansé dans le collège de la Très-Sainte-Trinité de la Compagnie de Jésus, le 13 juin 1683. *Lyon, chez Ant. Molin,* 1683. — La Toison d'or recouvrée, ballet dansé au collège de la Sainte-Trinité de la Compagnie de Jésus, etc. *Lyon,* 1684. — Sacraï, tragédie. *S. l. n. d.* — Les Impostures, ballet orné de machines et de changemens de théâtre pour servir d'intermède à la tragédie d'Annibal, qui sera représentée dans le collège de la Sainte-Trinité de la Compagnie de Jésus, le 1er juin 1692. *Lion,* 1692. — Mali Critici comœdia, in Aula Majore collegii Societ. Jesu, die 12 et 14 februarii hora de meridie prima. — Le Combat de Mars et de la Religion sur les victoires de Louis le Grand, ballet, etc. *Lyon,* 1692. — Les Jeux de la Haye, orné de machines et de changemens de théâtre pour servir d'intermède à la tragédie de Juba, etc. *Lyon,* 1695. — Le Repos d'Hercule troublé par l'envie, ballet, etc. *Lyon,* 1689. — Le Sainct Aumosnier, discours panégyrique et moral des vertus de feu Monseigneur le cardinal de la Rochefoucauld, par le Père Pierre Le Moyne, de la Compagnie de Jésus. *Paris,* 1645. — Oraison funèbre de monsieur le duc de Morte-

mart, par monsieur Muret. *Marseille*, 1688. — Oraison funèbre de monsieur le maréchal-duc de Vivonne, par monsieur Muret. *Marseille*, 1688. — Harangue faite au roy, à Versailles, le 20 septembre 1700, par monseigneur l'évêque de Montauban, pour la clôture de l'Assemblée générale du clergé de France. *Lyon*, 1700. Ens. 15 pièces reliées en 1 vol. in-4, v. brun.

Quelques pièces sont fortement piquées.

191. RECUEIL DES OPÉRA, des Balets et des plus belles pièces en musique, qui ont été représentés depuis dix ou douze ans jusques à présent devant Sa Majesté très-chrétienne. *Suivant la copie de Paris, à Amsterdam, chés Abraham Wolfgang*, 1684-88, 3 vol. in-12, v. gran.

Les 14 opéras de Quinault figurent dans ce recueil. Chaque pièce a un titre et un frontispice gravés.
Le tome Ier a 130 mill.; les tomes II et III ont 135 et 133.

192. LES FESTES de Thalie, ballet en musique par Monsieur Mouret, ordinaire de la musique de S. A. S. madame la duchesse du Maine, représenté pour la première fois, par l'Académie royale de musique, le mardy quatorzième jour d'aoust 1714. Nouvelle édition. *A Paris, de l'impr. de J.-B. Christophe Ballard*, 1720. In-4 obl., musique notée, v. marb.

Dans le même vol. : La Veuve coquette, nouvelle entrée substituée, le 12 mars 1705, à celle de la Veuve, des Fêtes de Thalie (28 pp.). — La Critique des Festes de Thalie, nouvelle entrée, par M. Mouret. *Paris*, 1737 (34 pp.). — La Provençale, nouvelle entrée ajoutée aux Festes de Thalie en septembre 1722 (par le même). *Paris*, 1722 (72 pp.) — Rare et non cité.

193. ÉTAT actuel de la musique du Roi et des trois spectacles de Paris. *A Paris, chez Vente*, 1773. In-18, titre gravé d'après Moreau le père, mar. rouge, fil. tr. dor. (*Anc. rel.*)

---

194. MAXIMES et Réflexions sur la comédie, par M. Jacq.-Bénig. Bossuet, évesque de Meaux. *A Paris, chez J. Anisson*, 1694. In-12, v. brun.

ÉDITION ORIGINALE.

195. CRITIQUE d'un livre contre les spectacles intitulé : J.-J. Rousseau, citoyen de Genève, à M. d'Alembert (par M. le marquis de Mézières). *A Amsterdam, et se trouve à Paris,*

chez Lambert et Duchesne, 1760. In-8, mar. blanc, dent. tr. dor.

Exemplaire aux armes de LAMOIGNON, seigneur DE MALESHERBES.

4. *Romans et Contes.*

196. DAPHNIS ET CHLOÉ, traduit de l'original grec en notre langue, par le sieur de Marcassus. *A Paris, chez Toussaint du Bray,* 1626. In-8, front. et fig., vélin.

Exemplaire contenant les jolies figures de CRISPIN DE PAS. Mouillures.

197. LES AMOURS PASTORALES DE DAPHNIS ET CHLOÉ (trad. du grec de Longus, par J. Amyot). Avec figures. *S. l. (Paris),* 1718 (1731). Pet. in-8, fig., mar. rouge, dos orné, fil. tr. dor. (*Anc. rel.*)

Malgré le frontispice, c'est bien l'édition de 1731, dont le titre a été supprimé ; la seconde, avec les figures gravées par Audran, d'après les dessins de Philippe, duc d'Orléans, régent de France, dont quelques unes ont été retouchées. Celle dite *des Petits pieds* ne s'y trouve pas.
Hauteur : 154 millimètres.

198. LES AMOURS PASTORALES DE DAPHNIS ET CHLOÉ. *S. l. (Paris),* 1745, front. gravé avec la date de 1718. Pet. in-8, mar. rouge, large dent. sur les plats, tr. dor. (*Anc. rel.*)

Cette édition a les mêmes figures que celle de 1718, mais encore plus retouchées. Celle *des Petits pieds* est de composition différente et sans légende. Exemplaire avec les 4 charmants culs-de-lampe de Cochin fils, qui ne figurent pas dans tous les exemplaires. Qq. ff. tachés et 2 cassures.

199. Les Pastorales de Longus, ou Daphnis et Chloé, traduction de messire Jacq. Amyot, revue, etc., par P.-L. Courier. *Paris, Alex. Corréard,* 1821. In-8, gravure de Proudhon, v. rac. dent.

On a relié à la suite de cet ouvrage : *Projet de l'éloquence royale composé pour Henri III, roi de France, par Jacq. Amyot, évêque d'Auxerre.* Versailles et Paris, 1805. In-8, de 53 pp.

200. LES CENT NOUVELLES NOUVELLES. Suivent les Cent Nouvelles contenant les Cent histoires nouveaux, qui sont moult plaisans a raconter en toutes bonnes compagnies par manière de joyeuseté. *A Cologne, chez Pierre Gaillard,* 1701. 2 vol. pet. in-8, figures, v. marbré.

Bel exemplaire avec les figures de ROMAIN DE HOOGHE, tirées hors texte.

201. LES ŒUVRES de Me François Rabelais, docteur en médecine, contenant cinq livres, de la vie, faicts et dits héroï-

ques de Gargantua et de son fils Pantagruel, plus la Prognostication pantagrueline, avec l'Oracle de la dive Bacbuc, et le Mot de la bouteille, augmenté des Navigations et Isle Sonante.... le tout par M° François Rabelais. *A Lion, par Jean Martin,* 1558. In-8, demi-rel. bas.

Édition rare, différente de celles décrites au *Manuel* sous la même date.

202. LES ŒUVRES de M. François Rabelais, docteur en médecine, dont le contenu se voit à la page suivante, augmentées de la Vie de l'auteur et de quelques remarques sur sa vie et sur l'histoire. *S. l. (à la Sphère)*, 1666. 2 vol. in-12, v. brun.

Seconde édition imprimée par les Elsevier.
Cet exemplaire porte à chaque volume, l'*ex-libris* de Joseph-Marie Terray, conseiller au Parlement. Le titre du tome I°r, *imprimé en rouge*, a une déchirure. Hauteur : 132 millimètres.

203. LES SERÉES de Guillaume Bouchet, juge et consul des marchants à Poictiers. *A Paris, chez Gabr. Buon,* 1586, *et Jérémie Perier,* 1698. 3 vol. in-12, vélin.

Ces trois volumes sont d'inégale grandeur; le premier a 117 mill. de haut., le second, 141 mill. et le troisième, 144 mill.

204. LA MÉGÈRE du sieur du Vilar, gentilhomme provençal. *A Aix, Philippe Coignat,* 1621. In-12, vélin.

Roman rare.

205. LA HAYNE ET L'AMOUR d'Arnoul et de Clairemonde, histoire provençale arrivée de nostre temps, par le sieur de Perier. *A Paris, chez Jean Corrozet,* 1627. In-8, v. marbré, fil.

Exemplaire portant sur le dos et les plats de la reliure les armoiries de Jeanne-Baptiste d'Albert de Luynes, COMTESSE DE VERRUE (*de sa bibliothèque du château de Meudon*).

206. Divertissement historique, par M. l'Évêque du Bellay (Jean-Pierre-Camus). *A Rouen, chez François Vaultier,* 1640. In-8, vélin.

Recueil de 45 historiettes, dont quelques unes assez drôles.

207. Mademoiselle de Tournon (par P. Dortigue de Vaumorière). *A Paris, chez Charles Osmont,* 1678. 2 parties en 1 vol. in-12, v. marbré.

L'épître qui est adressée à M°° la duchesse de Bracciano, est signée C. C., qui sont les initiales de Charles Cotolendi. Quelques bibliographes attribuent ce roman au marquis de La Chetardie.

208. LA PRINCESSE DE CLÈVES (par Mar.-Mad. Pioche de Lavergne, comtesse de La Fayette, Jean Regnauld, sieur de Segrais, et le duc de Larochefoucauld). *A Paris, chez Claude Barbin,* 1678. 4 parties en 2 vol. in-12, v. br.

ÉDITION ORIGINALE. Bel exemplaire. Hauteur : 152 millimètres.

209. HISTOIRE AMOUREUSE DES GAULES, par le comte de Bussi-Rabutin. *S. l. (Paris),* 1754. 5 tomes en 3 vol. in-12, titres gravés, v. marbré.

Jolie édition avec de charmants titres gravés par L. L. d'après P.-P. Ch.

210. Les Amours de Psyché et de Cupidon, par M. de La Fontaine. *A Paris, chez la Vve de Claude Barbin,* 1701. In-12, frontispice de S. Thomassin, v. gran.

Seconde édition.

211. Les Amours de Psyché et de Cupidon, par Monsieur de La Fontaine. *A Paris, chez Claude Barbin,* 1702. In-12, frontispice gravé, v. br.

Troisième édition.

212. LES AVANTURES DE TÉLÉMAQUE, fils d'Ulysse, par feu messire François de Salignac de La Motte Fénelon. *A Paris, chez Florentin Delaulne,* 1717. 1 tome en 2 vol. in-12, portrait et figures, v. br.

Édition la plus recherchée ; c'est la première conforme au manuscrit original. Elle est ornée du portrait de l'auteur, par Bailleul, gravé par Duflos, et des figures de Bonnart gravées par Giffart.
Bel exemplaire. Hauteur : 170 millimètres.

213. LA FOIRE DE BEAUCAIRE, nouvelle historique et galante. *A Amsterdam, chez Isaac Savouret,* 1709. In-12, v. marbré, fil. tr. dor.

Aux armes de Jeanne-Baptiste d'Albert de Luynes, COMTESSE DE VERRUE.

214. LES SOUPERS DE DAPHNÉ et les Dortoirs de Lacédémone, anecdotes grecques ou fragments historiques, publiés pour la première fois et traduits sur la version arabe imprimée à Constantinople, l'an de l'hégire 1110 et de notre ère 1731 (par A.-G. Meusnier de Querlon). *A Oxfort (Paris),* 1740. In-8, v. f.

Première édition de cette satire sur les soupers de Marly ou sur ceux que Samuel Bernard donnait à Passy. « Querlon l'a composée en trois jours : Monnet avait ramassé les anecdotes et les avait remises à l'auteur. Monnet fit imprimer l'ouvrage à ses frais ; il se vendait dans lo temps jusqu'à 12 livres (Barbier). »

215. Hipparchia, histoire galante, traduite du grec (par l'abbé Jérôme Richard). *A Lampsaque (Paris), l'an de ce monde* (1748). 2 parties en 1 vol. in-12, figure, v. marbré.

Récit d'avantures galantes des ducs de Richelieu et de Brancas, avec Mmes de Villeroy et d'Alincourt.

216. HISTOIRE DE GIL BLAS de Santillane, par Lesage, avec un examen préliminaire et des notes historiques et littéraires, par M. le comte François de Neufchâteau. *Paris, Lefèvre*, 1820. 3 vol. in-8, gravure de Desenne, bas. rac.

Excellente édition.

217. HISTOIRE DE TULLIE, fille de Cicéron, par une dame illustre (la marquise de Lassay). *Paris, chez Pierre Prault*, 1726. In-12, mar. rouge, fil. tr. dor.

Charmante reliure. Aux armes de Louis-Henri de BOURBON-CONDÉ.

218. LES AMOURS DU CHEVALIER DE FAUBLAS, par J.-B. Louvet, troisième édition, revue par l'auteur. *Paris, an VI de la République.* 4 tomes en 2 vol. in-8, fig., veau rac. tr. marb.

Ornée de 27 figures, par Demarne, Dutertre, Mlle Gérard, *Marillier*, Monsiau, Monnet, etc. Très-bel exemplaire.

219. CORINNE, ou l'Italie, par Mme de Staël-Holstein. *Paris, H. Nicolle*, 1807. 3 vol. in-12, demi-rel. bas.

Édition originale.

---

220. BOCCACCIO. Il Corbaccio (Laberinto d'Amore). *In Parigi, Morello*, 1569. Pet. in-8, vélin.

Édition donnée par Corbinelli et très estimée.

221. Don Quichotte de la Manche, traduit de l'espagnol de Michel de Cervantes (par Florian), ouvrage posthume avec figures. *De l'imprimerie de P. Didot l'aîné, à Paris, chez Deterville, an VII* (1799). 6 tomes en 3 vol. in-16, figures, v. rac.

222. L'INGÉNIEUX CHEVALIER DON QUIXOTE DE LA MANCHE (trad. par de l'Aulnaye). *Paris, Th. Desoer*, 1821. 4 vol. in-16, br.

Jolie édition. Chaque titre est gravé et contient une petite vignette de Devéria.

223. AVENTURES ET ESPIÈGLERIES DE LAZARILLÉ DE TORMES, écrites par lui-même (Hurtado de Mendoza), nouvelle édition ornée de quarante figures dessinées et gravées par N. Ransonnette. *A Paris, de l'impr. de Didot jeune, an IX* (1801). 2 vol. gr. in-8, figures, cart.

> Exemplaire non rogné.

224. HISTORIA DE LA VIDA DEL BUSCON, llamado don Pablos; exemplo de vagamundos, y espejo de Tacaños, por don Francisco de Quevedo Villegas cavallero del orden de Santiago, y señor de la villa de Juan Abad. *En Ruan, à costa de Carlos Osmont,* 1629. In-12, vélin.

> Edition fort rare et non citée. Il y en a deux de Rouen sous cette date.

5. *Facéties. — Ouvrages érotiques.*

225. RECUEIL de diverses pièces comiques, gaillardes et amoureuses. *Suivant la copie imprimée à Paris, chez Jean-Baptiste Loyson,* 1671. In-12, mar. rouge, fil. (*Anc. rel.*)

> Recueil rare et recherché contenant les 7 pièces suivantes : *les Amans trompez et les Dames enlevées ; le Praticien amoureux ; le Poète extravagant ; l'Assemblée des filoux et des filles de joye ; l'Assemblée des maistres d'hostel, le jour de la my-carême ; le Cavalier grotesque ; l'Apothicaire empoisonné.*
> On a gratté, sur le dos et les plats de la reliure, des chiffres et armoiries.

226. LAUS ASINI... (auct. Daniele Heinsio). *Lugduni Batavorum) ex officina Elzeviriana,* 1629. In-24, titre gravé, mar. rouge, fil. tr. dor. (*Anc. rel.*)

> Édition recherchée.

227. EROTOPÆGNION, sive Priapeia veterum et recentiorum (ed. Fr.-Jos. Noel). *Lutetiæ Parisiorum, apud C.-J. Patris, bibliopolam, anno Reip. VI* (1798). In-8, 2 figures, demirel. bas. rouge.

> Exemplaire non rogné.

228. PETRI HÆDI de ‖ Amoris ‖ Generibus. (A la fin :) *Accuratissime impressum Tarvisii per Gerardum de Flandria anno salutis CCCCXCII* (1492), *die. XIII octobris sub ma-*

gnifico prætore Augustino Foscarini. In-4, car. ronds, rel.
en bois recouv. en v. br.

« Ce livre est un petit roman spirituel très-singulier, dont les exemplaires sont devenus fort rares. Quelques bibliographes ont fait mention
d'une autre édition de ce livre, exécutée dans la même ville et par le
même imprimeur, en 1498, mais il est actuellement reconnu que cette seconde édition est supposée. » (N. Mss.)

229. Joannis Meursii Elegantiæ latini sermonis seu, Aloisia
Sigæa Toletana de Arcanis Amoris et Veneris, adjunctis
fragmentis quibusdam eroticis. *Lugd. Batavorum, ex typis
Elzevirianis (Paris, Grangé)*, 1757. 2 parties en 1 vol. pet.
in-8, front. gravé, v. marb. fil. tr. dor.

230. MATRONA EPHESIA, sive Lusus serius in Petronii Arbitri
Matronam Ephesiam opera, Harrisii... *Londini*, 1665. In-
12, v. br.

Par Charleton. Volume fort rare. C'est la *Matrone d'Ephèse* qui fut
mise en vers par La Fontaine.

231. LUCINA sine concubitu, Lucine affranchie des loix du
concours..., traduite de l'anglais d'Abraham Johnson (par
Moet). — Concubitus sine Lucina, ou le Plaisir sans peine
(traduit de l'anglais de Rich. Roe, par de Combes). *Londres*, 1750. 2 parties en 1 vol. in-8, v. marb.

Première édition.

232. DIALOGO nel quale si ragiona della bella creanza delle
donne, opera veramente digna di esser letta da ogni gen-
tile spirito. *In Venetia, appresso Domenico Farri, s. d.*
(1562). In-12, 8 ff. prélim. (dont un blanc) et 40 ff. chiff.,
mar. rouge, fil. tr. dor. (*Anc. rel.*)

Édition rare de cet ouvrage libre, souvent réimprimé.

233. CAPITOLI del signor Pietro Aretino, di messer Lodovico Dolce, di M. Francesco Sansovino, e di altri acutissimi
ingegni, diretti à gran Signori sopra varie diuerse materie
molto deletteuole. *S. l.* 1540. In-8, de 55 ff. ch. et 1 f. bl.,
car. ital., v. fauve, fil. dent. int. tr. dor. (*Derome.*)

Première édition, extrêmement rare, de ce recueil de pièces de vers,
en général sous forme d'épîtres, parmi lesquelles on en remarque une très
curieuse où L. Dolce demande de l'argent au roi François I.er, ainsi que
plusieurs pièces pornographiques.

234. DUBBII AMOROSI, altri Dubbii, e sonetti lussuriosi di

Piétro Aretino. *Nella stamperia del forno alla Corona de Cazzi.S.l.(Paris,Grange),1757.In-16,de 82pp.veaumarbré.*

Exemplaire sur papier fort.

235. LA PUDICITIA SCHERNITA di Ferranti Pallavicino. *In Villafranca (a la Sphère)*, 1673. 76 pp. — LA RETTORICA DELLE PUTTANE, composta conform. recetti di Cipriano. *In Villafranca (à la Sphère)*, 1673. 124 pp. Ens. 2 ouvr. en 1 vol. in-12, cart.

Jolies éditions elséviriennes de ces deux ouvrages. Exemplaires entièrement NON ROGNÉS NI COUPÉS.

236. Il Principe Hermafrodito di Ferrante Pallavicino. *In Venezia,* 1640 — La Bersabée di Ferrante Pallavicino. *In Venetia,* 1640. Ens. 2 ouvr. en 1 vol. pet. in-12, vélin.

237. IL PUTTANISMO MODERNO, con il novissimo parlatorio delle monache operetta piacevole dedicata al Lettore istesso (par Balt. Sultanini). *S. l. n. d. (Hollande,* 1677). In-12, veau f.

Édition la plus complète de cette satire comique.

238. IL LIBRO DEL PERCHÈ colla Pastorella del cav. Marino, e la Novella dell' Ang. Gobriello. Prima edizione. *In Pelusio,* MMM. D. XIV. *(Paris, Grangé,* 1757). In-12, de 2 ff. et 92 pp., mar. citr. fil. tr. dor. *(Anc. rel.)*

Première édition de ce volume plus que gaillard. La première partie est en vers.

6. *Épistolaires.* — *Polygraphes.* — *Mélanges.*

239. SOCRATIS ANTISTHENIS et aliorum socraticorum epistolæ Leo Allatius hactenus non editas primus græce vulgavit; latine vertit; notas adiecit; dialogum, de scriptis Socratis, præfixit. *Parisiis, sumptibus Sebastiani Cramoisy typographi Regii,* 1637. In-4, v. br. riches comp. sur les plats, tr. dor.

Les plats portent les armes d' membre de la famille LE PORC-LA PORTE-VÉZINS . Reliure fatiguée.

240. LES ÉPISTRES de maistre François Rabelais, docteur en 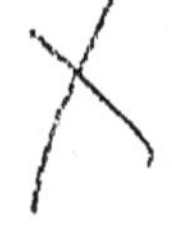médecine, escrites pendant son voyage d'Italie, nouvelle-

ment mises en lumière avec des observations historiques et l'abrégé de la vie de l'auteur (par les frère Scevole et Louis de Sainte-Marthe). *A Paris, chez Charles de Sercy,* 1651. In-8, portrait, vélin.

Première édition, avec le portrait de Rabelais, gravé par Fr. Chauveau, au frontispice.

241. Les Épistres morales et amoureuses de messire Honoré d'Urfé marquis de Verone, comte de Chasteauneuf, baron de Chasteau Morand, chevalier de l'ordre de Savoye, etc., reueu, corrigé et augmenté en ceste dernière édition. *A Paris, chez Gilles Robinot,* 1619. In-8, vélin.

Édition augmentée de quelques lettres tirées de l'*Astrée*, qui ne se trouvent point dans les éditions postérieures.

242. Lettres Familières de M. de Balzac à M. Chapelain. *A Amsterdam, chez Louis et Daniel Elzévier,* 1661. In-12, v. br.

243. Éloge de la Folie, nouvellement traduit du latin d'Érasme par M. de La Veaux, avec les figures de Jean Holbein gravées d'après les dessins originaux. *A Basles, chez J.-J. Thurneysen,* 1780. Pet. in-8, figures, cart.

Exemplaire court de marges.

244. Les Diverses Leçons de Pierre Messie gentilhomme de Seuile, mises de Castillan en François par Cl. Gruget Parisien : avec sept dialogues de l'auteur, dont les quatre derniers ont été de nouveau traduits en ceste quatriesme édition, plus la suite de celles d'Antoine du Verdier : s. de Vauprivaz, augmentée d'un septiesme livre... *A Tournon, par Claude Michel,* 1610. 2 parties en 1 vol. in-8, v. br.

Traduction d'un livre du xve siècle qui a eu un immense succès.

245. Les Œuvres du s^r Du Vair, premier président au parlement de Provence, comprises en cinq parties. — 1. Les Actions oratoires ; 2. Arrets sur questions notables ; 3. l'Éloquence françoise ; 4. Traittez philosophiques ; 5. Traittez de piété et s. Méditations. Dernière édition revue et corrigée. *A Rouen, chez Jean Osmont,* 1612. fort vol. in-8, vélin.

Bonne édition des œuvres de ce magistrat célèbre.

246. Refranes o proverbios castellanos, traduzidos en lengua

francesa. Proverbes espagnols traduits en françois par César Oudin, secrétaire interprète du Roy. *A Paris, chez Pierre Mouet*, 1659. In-12, v. gran.

Volume peu commun. On y trouve aussi cinquante quatrains de A.-G. Fajardo.

247. Œuvres diverses de Pierre Corneille. *A Paris, chez Gissey et Bordelet,* 1738. In-12, v. f.

Recueil publié par l'abbé Granet. Première édition.

248. Conversations sur différents sujets, par Mlle de Scudéry. *A Paris, chez Charles Osmont,* 1685. 2 vol. in-12, v. br.

249. Des Bons Mots et des bons contes. De leur usage, de la raillerie des anciens, de la raillerie et des railleurs de notre temps (par Fr. de Caillière). *A Paris, chez Claude Barbin,* 1692. In-12, v. brun.

Première édition de ce petit volume rare et recherché.

250. LE PORTE-FEUILLE de M. L. D. F. ***. *A Carpentras, chez Dom. Labarre*, 1694. In-12, vélin.

Le plus ancien livre connu imprimé à Carpentras. C'est un recueil de pièces intéressantes en vers et en prose, de divers auteurs, dont la publication est attribuée tantôt à L. de la Faille, auteur des Annales de Toulouse, tantôt à Bruzen de la Martinière, tantôt à Miton. Voir là-dessus une longue notice de M. Deschamps, dans le *Supplément au Manuel.*

251. Recueil des pièces d'éloquence et de poésies présentées à l'Académie des Belles-lettres de Marseille (discours prononcés annuellement pour le concours du prix fondé par M. le maréchal duc de Villars). *A Marseille, chés Pierre Roy,* 1734 à 1760. Ens. 12 vol. in-8, mar. rouge, fil. tr. dor. (*Anc. rel.*)

252. Nouveau Recueil de pièces fugitives d'histoire, de littérature, etc., par M. l'abbé Archimbaud. *A Paris, chez J.-Bap. Lamesle,* 1717. 2 vol. in-12, vélin.

253. Œuvres de Chapelle et de Bachaumont. *A La Haie, et se trouve à Paris, chez Quillau,* 1755. In-12, v. marbré.

Jolie édition.

254. Opuscules de divers genres, par Madame la comtesse de Rochefort, depuis duchesse de Nivernois. *A Paris, de*

l'impr. de Didot l'aîné, 1784. In-16, mar. olive doublé de tabis, tr. dor. *(Bradel.)*

Livre fort rare, n'ayant été tiré qu'à 50 exemplaires. Papier vélin.

7. *Critique et Histoire littéraire.*

255. Les Œuvres de feu M. Claude Fauchet, premier président en la cour des monnoyes, reveues et corrigées en ceste dernière édition. *A Paris, par David Le Clerc*, 1610. In-4, v. br.

Collection curieuse et fort recherchée, » dit Brunet. On y remarque surtout le *Recueil de l'origine de la langue et poésie françoise*, qui constitue le plus ancien travail que nous ayons sur nos trouvères, avec des extraits de leurs poésies. Beau portrait par L. Gaultier, ajouté.

255. Premier volume de la Bibliothèque du sieur de La Croix du Maine, qui est un catalogue général de toutes sortes d'autheurs, qui ont escrit en françois depuis cinq cents ans et plus iusques à ce jourd'huy : avec un discours des vies des plus illustres et renommez... *A Paris, chez Abel l'Angelier*, 1584. In-fol., bas.

Tome Ier seul publié. François Gondi, dit La Croix du Maine, né en 1552, au Mans, fut assassiné à Tours en 1592. Son surnom vient d'une terre du nom de Lacroix qu'il avait dans la paroisse de Commercy. Il était protestant.

Au verso du titre de cet ouvrage se trouve le portrait de Henri III gravé en médaillon.

Exemplaire aux armes de François de Ponnat, conseiller au Parlement de Grenoble.

257. Observations sur le Cid. Ensemble l'excuse à Ariste et le rondeau (par De Scudéry). *Paris, aux despens de l'auteur*, 1637. In-8, ix-96 pp., vélin.

Première édition.

258. Les Sentimens de l'Académie françoise sur la tragi-comédie du Cid (rédigé par Chapelain). *A Paris, chez Jean Camusat*, 1638. In-8, vélin.

259. Jugemens des Scavans sur les principaux ouvrages des auteurs. *A Paris, chez Antoine Dezallier*, 1685-86. 9 vol. in-12, portrait, mar. rouge, fil. tr. marbr. *(Anc. rel.)*

Recueil de Jugemens sur les auteurs et sur les livres qui composaient la bibliothèque de l'avocat général de Lamoignon, par Adr. Baillet, bibliothécaire du président de Lamoignon.

260. Jugemens des Savans sur les auteurs qui ont traité de
la rhétorique, avec un précis de la doctrine de ces auteurs
par M. Gibert, ancien recteur de l'université de Paris.
Paris, Estienne, 1713. 3 vol. in-12, v. br. tr. dor.

261. Le Vite delli più celebri e antichi primi poeti proven-
zali..... raccolte..... in lingua francese da Gio. di Nostra
Dama..... da Gio. Giudici in italiana lingua tradotte. *In
Lione, Al. Marsilij,* 1575. Pet. in-8, demi-rel.

> Traduction de l'ouvrage de Jean de Nostredame, encore plus recher-
> chée que l'original publié sous la même date, à cause des corrections et
> additions. Rare.

262. Lettre à M. le Prince de L***, ou observations sur
l'ouvrage intitulé : De la littérature allemande (par Frédéric II), des défauts qu'on peut lui reprocher ; quelles en
sont les causes et par quels moyens on peut les corriger,
par M. Rauquil-Lieutaud. *S. l.,* 1781. Pet. in-8, de 80 pp.,
non relié.

> « Petite pièce fort rare, même à Berlin, où l'ouvrage a été imprimé
> et tiré seulement à 50 exemplaires pour être donné à des amis et surtout
> au prince de Ligne auquel l'ouvrage est dédié, l'auteur est connu avanta-
> geusement par différens opuscules écrits purement en français. » (N. Mss.)

HISTOIRE

1. *Géographie — Topographie — Voyages.*

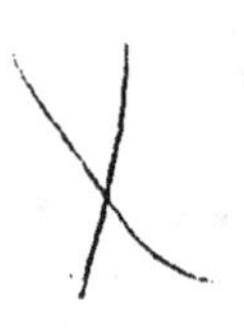

263. LES PLANS ET PROFILS de toutes les principales
villes et lieux considérables de France, ensemble les
cartes générales de chacune province et les particulières
de chaque gouvernement d'icelles, par le sieur Tassin,
géographe ordinaire de Sa Majesté. *A Paris, chez Melchior*

Tavernier, 1634. 2 vol. in-8 obl., nombr. gravures, veau,
fil. (*Armoiries sur les plats.*)

Ouvrage rare et recherché. Edition non citée au *Manuel* et portant la
même date que celle de S. Cramoisy, indiquée comme première.

264. LES PLANS ET PROFILS des principales villes et
lieux considérables de la principauté de Catalogne avec la
carte générale et les particulières de chaque gouvernement. *A Paris, par le chevalier de Beaulieu, rue Saint-
André-des-Arts, porte de Bucy. S. d.* (vers 1670). In-4 obl.,
titre et 116 pl., v. br.

Ouvrage fort rare et non cité au *Manuel*. Son éditeur, le chevalier de
Beaulieu, n'est autre que Séb. Pontault, seigneur de Beaulieu, premier
ingénieur du roi. Les planches dessinées par lui ont été gravées par A.-
D. Perel. On y trouve beaucoup de plans et vues des localités du *Roussillon*
et de la *Cerdagne*, réunis à la France par le traité des Pyrénées. Un assez
grand nombre d'entre elles ont reparu dans le grand recueil connu sous
le nom de *Cabinet du Roi.*

265. RECUEIL DES PRINCIPAUX PLANS des ports et
rades de la mer Méditerranée. Extraits de ma carte en
douze feuilles, dédiée à Mgr le duc de Choiseul, ministre
de la guerre et de la marine, gravée par Joseph Roux,
hidrographe du Roy. *Marseille,* 1764. In-4 obl., v.

Recueil fort rare, contenant 121 cartes, la plupart coloriées.

266. ÉTRENNES GÉOGRAPHIQUES. Année 1761. Royaume de
France divisé par généralités, subdivisé par élections,
diocèses, bailliages, etc., par L.-A. Ducaille, gravé par
Lattré. *A Paris, chez Ballard. S. d.* In-18, front. par
Poussin, gravé par Choffard et 29 cartes gravées coloriées
et montées sur onglets, mar. rouge, fil. tr. dor. (*Rel.
anc.*)

267. TERRÆ SANCTÆ, quam Palæstinam nominant,
Syriæ, Arabiæ, Ægypti et Schdiæ doctissima descriptio,
una cum singulis tabulis earumdem regionum topogra-
phicis, authore J. Zieglero..... Terræ sanctæ altera descriptio juxta ordinem alphabeti, authore Wolffgango
Weissenburgio. *Argentorati, apud Wendelinun Rihelium,*
1536. In-fol., car. rom., fig., demi-rel. peau de truie, plats
en bois.

Seconde édition, plus complète que la première de ce livre rare et d'un
grand intérêt. On y trouve des renseignements sur les voyages du célèbre
Séb. Cabot.

268. Voyage de l'Arabie heureuse par l'Océan oriental, et le détroit de la mer Rouge, fait par les François pour la première fois, dans les années 1708, 1709 et 1710 avec la relation particulière d'un voyage fait du port de Moka à la cour du roy d'Eemen, un mémoire concernant l'arbre et le fruit du café....., etc. (par La Roque). *Paris, Cailleau*, 1716. In-12, planches, v. f.

> Exemplaire aux armes de ROHAN-SOUBISE.

269. DESCRIPTION DE L'AFRIQUE, tierce partie du monde, contenant ses royaumes, religions, villes, cités.... escrite de nôtre temps, par Jean-Léon African, premièrement en langue arabesque, puis en Toscane, et à présent mise en françois. *A Lyon, par Jean Temporal*, 1556, 3 parties en 1 vol. in-fol., carte et fig., v. br.

> Ce que le titre ne dit pas, c'est que cet ouvrage rare renferme une collection de voyages en Asie, Afrique et Amérique, d'après Ramusio.
> La troisième partie contient l'*Histoire de l'Ethiopie*, décrite par dom Francisque Alvarez ; elle manque souvent.
> Le titre de l'ouvrage est défectueux et entièrement remmargé.

270. LE NAVIGATIONI ET VIAGGI NELLA TVRCHIA di Nicolo de Nicolai del delfinato signor d'Arfevilla..... Nouamente tradotto di francese in volgare, da Francesco Flori da Lilla con sessanta figure al naturale si d'huomini come di donne..... *In Anversa*, 1576. In-4, fig. sur bois, vél.

> Livre curieux pour les costumes dont l'exactitude a été reconnue.

2. *Histoire des religions.*

271. HITOIRE CRITIQUE des dogmes et des cultes, bons et mauvais, qui ont été dans l'Eglise depuis Adam jusqu'à Jésus-Christ, où l'on trouve l'origine de toutes les idolâtries de l'ancien paganisme expliquées par rapport à celles des Juifs (par Jurieu). *A Amsterdam, chez François l'Honoré*, 1704. In-4, frontispice. — Supplément ou Dissertation par lettres de M. Cuper sur quelques passages du livre de M. Jurieu. *Amsterdam*, 1705. In-4, front., 70 pp. et 3 planches pliées, mar. rouge, dos orné, fil. tr. marbr. (*Rel. anc.*)

> L'ouvrage curieux d'un des plus fameux théologiens protestants, né à Mer, dans l'Orléanais.

272. Discours de la religion des anciens Romains, escript par noble seigneur Guillaume du Choul, conseiller du Roy et bailly des Montaignes du Dauphiné, et illustré d'un grand nombre de médailles, et de plusieurs belles figures retirées des marbres antiques qui se treuuent à Rome et par nostre Gaule. *A Lyon, de l'imprimerie de Guillaume Rouille*, 1556. In-fol., fig., mar. citr. dos orné, comp. à la Duseuil, tr. marbr. (*Rel. anc.*)

> Édition originale, ornée de bonnes gravures sur bois. Bel exemplaire, grand de marges et réglé.

273. Relation de l'estat de la religion et par quels desseins et artifices elle a esté forgée, et gouvernée en divers estats de ces parties occidentales du monde, tirée de l'anglois du chevalier Edwin Sandis, avec des additions notables. *A Genève, par Pierre Aubert,* 1626. In-8, vélin.

> Édition originale.

274. PLATINÆ historici liber de vita Christi ac pontificum omnium qui hactenus ducenti et vigenti duo fuere. (*Venetiis.*) *Impensa Johannis de colonia Agripinensi ejusque socii Johannis Mâthen de Gheretzem,* etc., 1479. In-fol., vélin.

> PREMIÈRE ÉDITION, fort rare.
> Très-bel exemplaire ; annotations manuscrites de l'époque en marges.

275. De Personna et doctrina Martini Lutheri, judicium fratris Ambr. Catharini Politi, patria senensis, dignitate episcopi..... 1548. (A la fin :) *Apud S. Victorem prope Moguntiam excudebat Fran. Behem die* 30 *Martij,*1548. — De Philippo Melantione Oratio Argentorati habita ab Ernesto Regio. Anno 1561, die obitus. *Per Wendelinum et Hieron. Ribelios fratres.* — Historia de vita... Th. Bezæ... scripta gallice per H. Bolzec... et latine reddita per Pant. THEVENINUM *Lotharingum Commerciensem.* Accessit ejusdem de Vita Bezæ Cento, itemque de Hæreticis ac de religione poematia. *Ingolstadii,* 1584. — HISTOIRE DE LA VIE, mœurs, actes, doctrines et mort de Iean Calvin... Recueilly par M. Hierosme Hermes Bolsec. *Paris, Gervais Mallot,* 1582. En 1 vol. in-8, vél.

> Le dernier opuscule est fort rare. Il est terminé par une longue pièce en vers, intitulée : *Calvinodie, ou Hymne sur le tombeau de Calvin* (qq. notes marginales de ces derniers ff. sont atteintes).
> Exemplaire portant la signature de *Phil. Desportes.*

276. TRAITÉ de Stanislaus Hosius, évesque de Varme, de

l'expresse parole de Dieu, traduit par Lancelot de Carle,
évesque de Riez. *A Paris, de l'imprimerie de M. de Vascosan*, 1560. — DES SECTES ET HERESIES de nostre
temps. Traicté composé premièrement en latin, par révérend père en Dieu monseigneur Stanislas Hozie, évesque
de Varme en Pouloigne, dedié au roy de Pouloigne et
nouuellement mis en françois. *Paris, de l'imprimerie de
Vascosan*, 1561. Ens. 2 [ouvrages reliés en 1 vol. in-8, v.
brun.

> Livres rares, non cités au *Manuel*.
> Le cardinal Hosius, Polonais, fut un des plus redoutables adversaires
> des protestants, et un des plus savants prélats du concile de Trente ; on
> l'a surnommé : *Colonne de l'Eglise, l'Augustin de son temps*, etc. Le
> traité des *Sectes*, peu connu, est particulièrement intéressant.

277. DISCOURS de M. Théodore de Besze, contenant en
bref l'histoire de la vie et mort de Jean Calvin, avec le
testament et dernière volonté dudit Calvin : et le catalogue des livres par luy composez. *S. l.*, 1574 63, pp.
— Brief discours de la vie et mort de M. Théodore de Bèze
de Vezelay, personnage très renommé, pasteur et professeur des sainctes lettres à Genève, avec le catalogue des
livres qu'il a composez. *Genève, par Ian Cartel*, 1610,
102 pp. — Testament d'excellente et vertueuse dame
Leonor de Roye, princesse de Condé. *S. l. n. d.* 38 pp. —
Testament, codicille, dernières actions, et mort heureuse
de Philippes de Mornay, sieur du Plessis Marly, cy devant
gouverneur de la ville et chasteau de Saumur. *S. l.*, 1624,
48 pp. — Discours théologique de la tranquilité et vray
repos de l'âme faict par défunt M. Pierre Merlin, vivant ministre du saint Evangile, en la maison de Mgr le comte de
Laval à Vitré en Bretagne. *A la Rochelle*, 1604, 108 pp. —
Traité de la justification, sermon sur l'épistre aux Philip-
piens chap. 3 vers. 9, fait à Sedan le premier jeudy de décembre 1643, par Gédéon Chéron. *A Sedan*, 1644, 32 pp.
Ens. 6 pièces en 1 vol. in-12, vél.

> Recueil d'opuscules extrêmement rares.

278. De Vita et Moribus Theodori Bezæ, omnium hæretico-
rum nostri temporis facile principis, et aliorum hæretico-
rum brevis recitatio... Authore Jacob Laingæo doctore
Sorbonico..... *Parisiis apud Michaelem de Roigny*, 1585.
In-12, vél.

> Dédié à Marie Stuart. Volume peu commun.

279. HISTOIRE DE LA VIE de messire Philippe de Mornay, seigneur du Plessis Marly, etc., contenant outre la relation
de plusieurs événemens notables en l'Éstat, en l'Église,
ès cours et ès armées, divers advis politiqs ecclésiastiqs
et militaire sur beaucoup de mouvemens importans de
l'Europe, souhs Henry III, Henry IV et Louis XIII. *A
Leyde, chez Bonaventure et Abraham Elzevier, 1647.*
In-4, v. f. fil.

> Rédigée par David Licques, d'après un manuscrit de Mme de Mornay,
> jusqu'à l'année 1606 et pour les dix-sept dernières années, d'après les ren-
> seignements fournis par Jean Daillé, par Jules de Meslay et René
> Chalopin, secrétaire de Mornay.

280. Histoire des variations des Églises protestantes, par
messire Jacq.-Bénigne Bossuet, évesque de Meaux. *A
Paris, chez Guill. Desprez,* 1691. 4 vol. in-12, v. gran.

281. Défense de l'Histoire des variations contre la réponse
de M. Basnage, ministre de Roterdam, par messire Jacq.-
Bénig. Bossuet, évesque de Meaux. *Paris, chez J. Anisson,*
1691. In-12, v. br.

3. *Hagiographie — Ordres religieux*

282. La Magdeleine pécheresse et convertie, traduite de
l'italien de M. le marquis Antoine-Jules Brignolé Salé,
par le R. P. Pierre de S. André. *A Aix, chez Estienne
Roize,* 1674. In-8, frontispice, bas. verte, fil. tr. dor.

> Le texte est en regard de la traduction.

283. LA VIE de saint Philippe Bénizi, cinquiesme général et
propagateur de l'ordre des Servites, par François Malaval.
A Marseille, chez Claude Garcin, 1672. In-4, mar. rouge,
fil. tr. dor. (*Rel. anc. très fatiguée.*)

> Livre fort rare.

284. Discours du P. Jean Mariana, jésuite espagnol, des
grands défauts qui sont en la forme du gouvernement des
jésuites, traduict d'espagnol en françois (par Jean de
Cordes ou Auger de Moléon). *S. l.,* 1625. Pet. in-8, v.
gran.

> Première édition. Ce volume, condamné et supprimé en 1631, est fort
> rare.

285. ANNALES Heremi deiparæ Matris Monasterii in Helve-
tia ordinis S. Benedicti antiquitate, religione, frequentia,
miraculis, toto orbe, celeberrimi, auctore R. P. F. Chris-
tophoro Hartmanno, monacho. *Friburgi Brisgoniæ, ex-
typographio,* 1612. In-fol., titre gravé, vél.

> Livre non cité au *Manuel*, très rare et très curieux par rapport aux
> diplômes qu'il renferme. Au titre, cette signature : *Carolus van Bosch,*
> *Epis. Gand.* 1665.

4. *Histoire universelle et ancienne.*

286. DISCOURS SUR L'HISTOIRE UNIVERSELLE, par messire Jacq.-
Bénigne Bossuet, évesque de Meaux. *À Paris, chez Louis
Roulland,* 1700. In-12, v. gr.

> Troisième édition de l'ouvrage, la première avouée par l'auteur et la
> dernière qu'il ait revue. Elle contient pour la première fois de notables
> changements, qu'on a eu tort de ne pas adopter dans les éditions mo-
> dernes.

287. L.-A. Florus cum integris Cl. Salmasii et variorum
notis quas omnes multis in locis auxit Rutg. Hermannides
accessit et L. Ampelius. *Neomagi, ex officina Andreæ ab
Hoogenhuysen.* 1662. In-8, titre-front. gravé, mar. rouge,
dos orné à petits fers, fil. tr. dor. (*Rel. anc.*)

> Bel exemplaire, réglé.

288. Appian Alexandrin, historien grec, des Guerres des
Romains, livres XI, traduicts en françois par feu maistre
Claude de Seyssel, premièrement évesque de Marseille, et
depuis archevesque de Thurin. Plus y sont adioustez deux
livres traduicts de grec en langue françoise, par le seigneur
des Avenelles. *A Paris, par Pierre Du Pré,* 1569. In-fol., v.

289. C. CRISPI SALLUSTII de Conivratione Catilinæ, de
Bello Jugurthino, oratio contra M. T. Ciceronem, M. T.
Ciceronis oratio contra C. Crispû Sallustium.....*Venetiis
in ædibus Aldi et Andreæ Asulani soceri Mense Aprili*
MDIX (1509). In-8, v. br. fil. et comp., tr. dor.

> Première édition aldine. Ce volume à 10 ff. non ch. (dont 2 blancs) et
> 147 pp. : il s'arrête avec le *Bellum Jugurthinum;* les lettres initiales sont
> peintes en or.
> Exemplaire de J. GROLIER, dont un des plats de la reliure porte la
> devise : *Grolierii* ǁ *et amico* ǁ *rum.*
> Au surplus, à la fin du texte, on lit cette signature autographe de ce

célèbre bibliophile : *Io. Grolierij Lugduneñ et amicorum*, et sur le der-dernier feuillet de garde, sa devise, écrite en lettres majuscules : *Portio mea Domine sit in terra viventium*, suivie de la signature ci-dessus.

La reliure, dont le motif de décoration est charmant, dans le genre de celui du Sannazar de la bibliothèque Didot (vendu 5,800 fr. en 1878), n'a jamais été restaurée.

Ce beau livre n'est point cité par M. Le Roux de Lincy.

290. Les Commentaires de César, des guerres de la Gaule, mises en françois par Blaise de Vigénère, avec quelques annotations dessus. *A Paris, chez Nicolas Chesneau et Jean Poupy*, 1576. In-4, v. br.

Traduction rare, non citée au *Manuel*.

5. *Histoire de France.*

A. Histoire politique générale.

291. L'Histoire d'Hérodian, excellent historiographe, traitant de la vie des successeurs de Marc-Aurèle à l'empire de Romme, translatée de greq en françoys, par Jacques des comtes de Vintimille, Rhodien. *A Lyon, par Guillaume Rouille*, 1554. In-fol., v. br. comp. sur les plats. (*Rel. anc. fatig.*)

Édition peu commune, publiée par Pontus de Tyard.

291. Historia Gallorum veterum auctore Antonio Gosselino in Academia cadomensi. *Cadomi, apud Petrum Poisson*, 1636. In-12, vélin.

Très rare volume, imprimé à Caen.

292. Pauli Æmylii Veronensis, historici clarissimi, De rebus gestis Francorum, usque ad ann. 1488, Libri X, additum est chronicon Joan. Tilii. *Parisiis, ex off. Mich. Vascosani*, 1543. In-fol., mar. rouge, fil. orn. sur les plats. (*Anc. rel.*)

Belle édition, recherchée.

293. Abrégé chronologique, ou extrait de l'Histoire de France, par le sieur de Mezeray, historiographe de France. *A Paris, chez Louis Billaine*, 1668. 3 vol. in-4, beau portrait de Louis XIV au tome 1er, gravé par P. Landry, v. gran.

Bel exemplaire.

294. Histoire de France avant Clovis, l'Origine des François

et leur establissement dans les Gaules, etc., par le sieur de Mezeray. *A Amsterdam, chez Abraham Wolfgang (au Quærendo)*, 1688. In-12, front. de R. de Hooghe, v. br.

Exemplaire aux armes de Louis-Charles d'ALBERT DUC DE LUYNES, grand bibliophile et père de la comtesse de Verrue. Son *ex-libris* est aussi collé à l'intérieur de la reliure.

295. RECUEIL DES ROYS DE FRANCE, leurs couronne et maison. Ensemble, le rang des grands de France par Jean du Tillet, sieur de la Bussière, etc., plus une chronique abrégée contenant tout ce qui est advenu, tant en fait de guerre qu'autrement, entre les rois et princes, républiques, et potentats estrangers, par M. J. Du Tillet, evesque de Meaux, frères, en outre, les mémoires dudit sieur sur les privilèges de l'Église gallicane... *A Paris, chez Pierre Mettayer*, 1618. 3 parties en un fort vol. in-4, vélin.

Dernière édition et la meilleure de cet important recueil.

296. LES OBSERVATIONS des diverses choses remarquées sur l'estat, couronne et peuple de France, tant ancien que moderne, recueillies de plusieurs autheurs par noble homme Regnault Dorléans, sieur de Sinée, conseiller au siège présidial de Vennes en Bretagne. *A Vennes, de l'imprimerie de Jan Bourrelier*, 1597. In-4, vélin.

Volume fort rare. C'est le plus ancien livre connu imprimé à Vannes.

297. Traité de la succession à la couronne, ou la Couronne de France toujours successivement linéale agnatique, avec un mémoire touchant la succession à la couronne d'Espagne, par M. Le Grand, prieur de Neuville-les-Dames et de Prévessin. *A Paris, chez la Vve d'Antoine-Urb. Coustelier*, 1728. In-12, v. br.

Exemplaire aux armes d'Albert d'Ailly, DUC DE CHAULNES, lieutenant-général des armées de Louis XV.

298. Histoire de saint Louis, par Jehan, sire de Joinville ; les Annales de son règne, par Guillaume de Nangis ; sa Vie et ses miracles, par le confesseur de la reine Marguerite, le tout publié d'après les manuscrits de la Bibliothèque du Roi et accompagné d'un glossaire. *A Paris, de l'Imprimerie royale*, 1761. In-fol., carte, v. marbré.

Bel exemplaire.

299. Histoire de S. Louis, divisée en xv livres (par Filleau

de La Chaise, sur les Mémoires de S.-L. Le Nain de Til-
lemont). *A Paris, chez J.-Bap. Coignard,* 1688. 2 vol.
in-4, v. éc.

Beau frontispice de J.-B. Corneille gravé par J. Mariette. Bel exemplaire.

300. Entreveues de Charles IV empereur, de son fils Wen-
ceslaus, roy des Romains, et de Charles V, roy de France,
à Paris, l'an 1378, et de Lovys XII, roy de France,
et de Ferdinand, roy d'Arragon, à Sauonne l'an 1507.
Discours sur l'origine des rois de Portugel, yssus en ligne
masculine de la Maison de France. Mémoires concernans la dignité et maiesté des rois de France par T. Godefroy advocat en Parlement. *A Paris, chez Pierre Chevalier,*
1612. In-4, v. marbré, fil.

301. Histoire de la Vie, faicts héroïques et voyages de très
valleureux prince Louys III, duc de Boubon, arrière fils de
Robert comte de Clermont en Beauvoisis, baron de Bourbon, fils de sainct Louys, en laquelle est comprins le Discours des guerres des François contre les Anglois, Flamans,
Affricains, et autres nations, sous la conduicte dudict duc,
pendont les règnes de Jean, Charles cinquiesme et Charles
sixiesme roys de France (par Jean d'Oronville). *A Paris,
de l'impr. de François Le Huby,* 1612. In-8, vélin.

302. Histoire de Charles VI roy de France, escrite par les
ordres et sur les mémoires et les avis de Guy de Monceaux
et de Philippe de Villette, abbez de Sainct Denys, traduite
sur le manuscrit latin tiré de la bibliothèque de M. le président de Thou par Mᵣₑ J. Le Laboureur, prieur de Juvigné, conseiller et aumosnier du roy, historiographe de
France, etc., *A Paris, chez Louis Billaine,* 1563, 2 vol.
in-fol.. portrait, v. marbré.

Bel exemplaire.

303. Anciens Mémoires du quatorzième siècle, depuis peu
découverts où l'on apprendra les avantures les plus surpre-
nantes, et les circonstances les plus curieuses de la vie du
fameux Bertrand Du Guesclin, connétable de France, qui
par sa valeur a rétably dans ses États un prince catholique,
et nouvellement traduits par le sᵣ Le Febvre, prévot et
théologal d'Arras, cy devant aumônier et prédicateur de

la Reine. *A Douay, chez la V^ce de Baltazar Bellère*, 1692.
In-4, v. br.

Ouvrage fort rare, non cité au *Manuel*.

304. Histoire et Chronique mémorable de messire Jehan
Froissart, revue et corrigée sus divers exemplaires et suivant les bons auteurs, par Denis Sauvage de Fontenailles
en Brie, historiographe du très chrestien roy Henry deu-
xiesme de ce nom. *A Paris, à l'Ollivier de Pierre L'Huillier*,
1574. 4 t. en 2 vol. in-fol., v. gran.

305. HEROINÆ NOBILISSIMÆ Joannæ Darc Lotharin-
gæ vulgo Aurelianensis puellæ historia ; ejusdem mavor-
tiæ virginis innocentia a calumnis vindicata, authore
Joanne Hordal serenissimi Ducis Lotharingiæ consiliario.
Ponti-Mussi, apud Melchiorem Bernardum, 1612. Pet. in-4,
figure, vélin.

Ouvrage très-rare, orné d'un beau titre et de deux jolis portrait de
Jeanne d'Arc, gravés par Léonard Gaultier.

306. ADDITION à l'Histoire de Louys XI, contenant plusieurs
recherches curieuses sur diverses matières, par Gabr.
Naudé, etc. *A Paris, chez François Targa*, 1630. In-8, vélin, comp. sur les plats, tr. dor. (*Anc. rel.*)

Livre rare et curieux contenant des détails intéressants sur l'invention
de l'imprimerie.

307. Histoire de Charles VIII roy de Franse, par Guillaume
de Jaligny, André de La Vigne, et autres historiens de ce
temps là, où sont décrites les choses les plus mémorables
arrivées pendant ce règne, depuis 1483 jusques en 1498.
...le tout recueilli par feu Monsieur Godefroy. *A Paris, de
l'Impr. royale, par Séb. Mabre-Cramoisy*, 1684. In-fol., v.
marbré. (*Armoiries royales sur les plats.*)

Trè-bel exemplaire.

308. HISTOIRE DU CHEVALIER BAYARD et de plusieurs choses
mémorables advenues sous le règne de Charles VIII,
Louis XII et François Ier, avec son supplément, par
Mre Claude Expilly, président au Parlement de Dauphiné,
et les annotations de Théodore Godefroy augmentées par
Louis Videl. *Grenoble,* 1650. In-8, v. br.

Fort rare.

309. Histoire singulière du roy Loys XII de ce nom...

composé par messire Claude de Seyssel.... *A Paris, par Gilles Corrozet*, 1558. In-8, de 73 ff. ch., vélin.

310. Histoire de Louys XII, roy de France, père du peuple, et des choses mémorables advenues de son règne depuis l'an 1498 jusques à l'an 1515 par messire Claude de Seyssel, archevesque de Turin, Jean d'Auton, historiographe du roy, et autres, mise en lumière par Théodore Godefroy, avocat au Parlement de Paris. *A Paris, chez Abraham Pacard*, 1615. — La même histoire, dès l'an 1506 jusques en l'an 1508, par Jean d'Auton, son historiographe, mise en lumière par Théodore Godefroy. *Ibid.*, 1615. 2 ouvr. en 1 vol. in-4, mar. rouge, fil. (*Anc. rel.*)

Mouillures ; la reliure est fatiguée.

311. Histoire de Louys XII, roy de France, père du peuple, et de plusieurs choses mémorables advenues en France et en Italie jusques en l'an 1510, par messire Jean de Sainct-Gelais, seigneur de Monlieu, tirée de la Bibliothèque du Roy et nouvellement mise en lumière par Th. Godefroy. *A Paris, Pacard*, 1622. In-4, v. fauve.

312. Histoire de nostre temps faite en latin, par maistre Guillaume Paradin, et par lui mise en françois, depuis par luimesme reuue et augmentée. *A Lyon, par Jean de Tournes, et Guill. Gazeau*, 1552. In-16, vélin.

Curieuse pour le règne de François Ier.

313. Continuation de l'histoire de nostre temps, depuis l'an mil cinq cens cinquante jusques à l'an mil cinq cens cinquante-six, par M. Guillaume Paradin, doyen de Beaujeu. *A Paris, chez Guill. de La Noue*, 1575. In-8, v. br.

314. LETTRE de l'évesque de Riez (Lancelot de Carles) au Roy (Charles IX), contenant les actions et propos de M. de Guyse, depuis sa blessure, jusques à son trépas. *A Paris, chez Jacques Keruer*, 1563. Pet. in-8, v. fauve, fil. tr. dor. (*Rel. anc.*)

Volume fort rare et non cité. Le titre est taché ; court de marges.

315. COMMENTAIRES de l'estat de la religion et république sous les rois Henry et François second et Charles neuvième (par P. de la Place). *S. l.*, 1565. In-16, 2 ff. et 304 ff. demi-rel. bas.

Volume fort rare. Édition non citée ; il y en a cinq sous cette date.

316. Du Grand et loyal Devoir, fidélité et obéissance de
messieurs de Paris envers le Roy et couronne de France...
(par Louis Regnier, s' de la Planche). *S. l.*, 1565. In-8, vél.

Rare.

317. Lo Stratagema di Carlo IX, re di Frãcia, contro gli
Vgonotti rebelli di Dio et suoi (Le Stratagème de
Charles IX contre les Huguenots), descritto dal signor
Camillo Capilupi... *S. l.*, 1574. Pet. in-8, de 87 pp., v. gr.

Apologie des massacres de la Saint-Barthélemy. Texte seul.

318. La Vie de messire Gaspard de Coligny, seigneur de
Chastillon, amiral de France, augmentée de quelques annotations et de plusieurs pièces du temps servant à l'histoire. *A Amsterdam, pour les héritiers Commelin*, 1643.
In-4, v. marbré, fil.

Première édition de cette traduction d'un ouvrage latin imprimé en
1575, et attribué tantôt à Jean Hotman de Villiers, tantôt à Jean de
Serres. L'épitre adressée par le traducteur au maréchal de Chatillon,
datée de Paris, 15 nov. 1642, est signée : D. L. H.

Exemplaire de dédicace aux armes du comte Gaspard de Coligny-Cha-
tillon, maréchal de France, petit-fils de l'amiral.

319. La Vraye et entière Histoire des troubles et guerres
ciuiles auenuës de nostre temps, pour le faict de la religion, tant en France, Allemaigne que Pays-Bas, recueillie
de plusieurs discours françois et latins et réduite en vingtz
liures, par J. Le Frère de Laval. *A Paris, chez Jean Hul-
peau*, 1575. Pet. in-8, v. br.

320. L'Histoire de France, contenant les plus notables occu-
rences et choses mémorables advenues en ce royaume de
France et Pays-Bas de Flandres jusques à présent.....
(par Paul-Emile Piguerre, conseiller au Mans). *A Paris,
chez Guill. de La Noue*, 1581. Fort vol. in-fol., v. br. tr.
dor.

La reliure est cassée.

321. DOUBLE D'UNE LETTRE envoiée à un certain personnage contenante le discours de ce qui se passa au cabinet du roy de Navarre et en sa présence, lorsque M. le
duc d'Espernon fut vers luy en l'an 1584. *A Francfort*,
1585. In-8, de 86 pp. ch., mar. rouge, dos orné, dent.
sur les plats et int., tr. dor. (*Bradel-Derome.*)

Volume extrêmement rare, non cité au *Manuel.*

322. BULLE du pape Sixte V contre Henri III, après le mourtre des Guise (1589) et pièces qui s'y rattachent. En 1 vol. in-8, mar. rouge, fil. (*Rel. anc.*)

Précieux recueil de dix pièces dont voici l'indication :

1º Bulle de N. S. P. pape Sixte V contre Henry de Valois. *A Paris, chez Nicolas Nivelle et Rolin Thierry,* 1589 (26 pp.) ; 2º Bulla S. D. N. Sixti papæ V contra Henricum III. *Parisiis, apud Nicolaum Nivellium,* 1589 (24 pp.) ; 3º La Fulminante pour feu très grand et très chrestien prince Henri III, roy de France et de Pologne, contre Sixte V, soi-disant pape de Rome, et les rebelles de la France (*par André Maillard*). S. l., 1590 (54 pp.) ; 4º Responce des docteurs de la Faculté de Paris sur la question scauoir s'il falloit prier pour le Roy au canon de la messe..... *A Paris,* 1589 (14 pp.); 5º Advertissement aux catholiques sur la bulle de Nostre Sainct-Père touchant l'excommunication de Henry de Valois, avec plusieurs exemples des punitions estranges et merveilleux jugements de Dieu sur les ex- communiez. *A Paris, chez G. Chaudière,* 1589 (54 pp.) ; 6º Advertissement aux catholiques touchant l'excommunication de Henry de Valois ensemble l'explication des censures et excommunications... par F. D. L. Relig. *A Paris, par Hubert,* 1589 (15 pp.); 7º Effets espouventables de l'ex- communication de Henry de Valois et de Henry de Navarre où est con- tenue au vray l'histoire de la mort de Henry de Valois, et que Henry de Navarre est incapable de la couronne de France. *Paris,* 1589 (29 pp.) ; 8º L'Effroiable Esclat de l'anathème et les merveilleux effets d'iceluy..... *Paris,* 1589 (18 pp.) ; 9º De Clericis, præsertim episcopis, qui participa- runt in divinis scienter et sponte cum Henrico Valesio post cardinalici· dium, E. P. assertio. *Parisiis,* 1589 (46 pp.); 10º La Déclaration de N. S. P. pape Sixte V contre Henry de Bourbon soy disant roy de Nauarre. *A Paris, chez Denis Binet,* 1589 (16 pp.).

323. COMMENTAIRES de messire Blaise de Monluc, mareschal de France. *A Bourdeaus, par S. Millanges,* 1592. In-fol., v. gran. (*Armoiries au dos.*)

Édition originale, fort rare, publiée par Florimond Ræmond, conseiller au Parlement de Bordeaux. On trouve, parmi les pièces préliminaires, un long poème consacré à la mémoire du maréchal de Montluc (*Les Mânes*), par P. de Brach, poète bordelais bien connu. Ce poème n'a pas été réim- primé dans les anciennes éditions des œuvres de ce poète.

324. DISCOURS de la vie et faits héroïques de M. de la Val- lette, admiral de France, gouuerneur et lieutenant général pour le Roy en Prouence ; et de ce qui s'est passé dans ledit pays durant qu'il y a commandé, comme aussi de ce qui auoit esté par luy faict auparavant en Piedmont et Dauphiné cependant que ledict seigneur a eu la charge et gouuernement desdittes prouinces sous les règnes des deux rois Henry III et Henry IIII, par le sieur de Mauroy. *A Metz, par Domenge Brecquin,* 1624. In-4, portrait de l'auteur, v. marbré.

Bel exemplaire de ce livre rare.

325. LA FORTUNE DE LA COUR, ouvrage curieux tiré des

mémoires d'un des principaux conseillers du duc d'Alençon frère du roy Henry III. *A Paris, chez Nic. de Sercy*, 1462. In-8, v. br.

> Attribué à tort par Barbier à Pierre de Dampmartin, procureur général du duc d'Alençon, le privilège étant au nom de N. D. S. sieur des Isles et de la Neuville.
> Première édition, rare.

326. P. Sixti V. Fvlmen brvtvm in Henricum sereniss. regem Navarræ et illustriss. Henricum Borbonium principem olim Condæum, evibratum, cujus multiplex nullitas ex protestatione patet. *S. l.*, 1604. Pet. in-8, vél.

> Réponse de Fr. Hotman. Cette seconde édition paraît avoir été imprimée en Allemagne.
> Exemplaire aux armes de Vincent Richard, seigneur de la Barollière.

327. Apologie catholique contre les libelles, déclarations, advis et consultations faictes, escrites et publiées par les liguez perturbateurs du repos du royaume de France qui se sont eslevez depuis le décès de feu Mgr frère unique du Roy, par E. D. L. J. C. *S. l.*, 1585. Pet. in-8, de 124 ff. ch. et 4 ff. pour la table, v. marbré.

> Livre attribué tantôt à Pierre de Belloy, tantôt, avec plus de raison, à Edouard de L'Alouette, jurisconsulte catholique.
> Edition fort rare, non citée au *Manuel*.

328. AUISO PIACEUOLE dato alla bella Italia da un nobile francese giovane, sopra la mentita data dal ser. Re di Nauarra a Papa Sisto V. *Monaco*, 1586. Pet. in-4, v. f.

> Exemplaire du comte d'Hoym.
> « Cet ouvrage, qu'on dit fort bien écrit, est une censure de la cour de Rome attribuée à François Perrot, seigneur de Mézières, qui y a joint 54 sonnets italiens de sa composition. » (Brunet.)

329. Discours et rapport véritable de la conférence tenue entre les députez de la part de M. le duc de Mayenne, lieutenant général de l'Estat et coronne de France, princes, prélats et estats généraux assemblez à Paris avec les députez de MM. les princes, prélats, seigneurs et autres catholiques estans du party du roy de Navarre. *A Rouen, chez Pierre Courant, jouxte la forme et exemplaire imprimé à Paris, par Federic Morel, imprimeur ordinaire du Roy*, 1593. In-8, vélin.

> Rare et non cité au *Manuel*; attribué à Honoré de Laurens.

330. De Sacrarum Electionum ivre et necessitate ad Ecclesie

gallicanæ redintegrationem, auctore G.Genebrardo, Aquarum Sextiarum archiepiscopo. *Juxta exemplar*, *Parisiis*, *apud Seb. Nivellium*, 1593. In-12, vélin.

Ce livre fort rare fut condamné au feu par un arrêt du Parlement d'Aix du 26 janvier 1596. L'auteur de cet ouvrage, Génébrard, fut l'un des champions les plus remarquables du parti de la Ligue. La Provence s'étant déclarée pour le roi Henri IV, Génébrard ne cessa alors de le poursuivre avec acharnement dans ses sermons remplis de provocations séditieuses. Le Parlement le déclara déchu de son archevêché d'Aix, et le bannit à perpétuité, mais Henri IV adoucit ce jugement et permit à Génébrard de se retirer au prieuré de Semur, où il mourut en 1597.

Sur la garde de cet exemplaire on lit cette remarque qu'il est *avant le carton Gg.*

331. CINQ SERMONS du R. P. F.-J. Porthaise de l'ordre S.-François, théologal de l'Église de Poictiers, par lui prononcez en icelle, esquels est traicté tant de la simulée conversion du roy de Navarre, que du droict ecclésiastique, et d'autres matières propres à ce temps... *A Paris, chez Guillaume Bichon, à l'enseigne du Bichot,* 1594. 2 parties en 1 vol. in-8, mar. vert, fil. dent. int. tr. dor.

Volume rare et recherché, bien complet, ce qui est rare, moins le titre de la seconde partie. Quelques piqûres de vers.

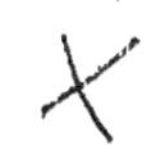

332. SATYRE MENIPPÉE de la vertu du catholicon d'Espagne et de la tenue des Estats de Paris. *S. l. (Tours)*, 1593. In-8, cart.

Selon Brunet, c'est la plus ancienne édition que l'on connaisse sous ce titre de ce livre célèbre. Elle se compose de 255 pp., précédées de 2 ff. pour le titre et l'*Avis de l'imprimeur au lecteur.*

Toutefois M. Potier (Cat. Taschereau, n° 533) a établi qu'il existe sous cette même date quatre éditions, ou plutôt quatre tirages, ayant le même nombre de pages, mais offrant des différences dans le texte. Celui-ci ne présente pas la remarque qui, selon le savant bibliographe, caractérise le tirage qu'il considère comme le premier. Un des propriétaires de cet exemplaire, qui est fort beau, a consigné sur la garde cette remarque que cette édition est *avec le nom* DE HÈRE *à la page* 6. Or il est établi que le nom de ce magistrat ne figure que dans les plus anciennes éditions.

333. Conférences des édicts de pacification dès troubles esmeus au royaume de France, pour le faict de la Religion, et traittez ou règlemens faicts par le roy Charles IX et Henry III et de la déclaration d'iceux, du roy Henri IIII de France et de Navarre. Publiée en Parlement le 25 feurier 1599, auec l'explication du contenu en chascun article, par l'historien ecclésiastique et profane, droict civil et canonique, ordónnances et coustumes de ce royaume, par M. Pierre de Beloy, conseiller du Roy et son advocat général au Parlement de Tholose. *A Paris, chez P. L'Huil-*

lier et Iamet Mettayer, 1600. In-8; 8 ff. lim., 326 ff. ch. et 25 ff. non ch. pour la table et le privilège, vélin.

A la suite on a relié : Edict du Roy et déclaration sur les précédens édits de pacification, etc. *Paris*, 1610. 2 pièces. Bel exemplaire.

334. L'Avant victorieux (par P. de l'Hostal, de Roquebonne). *A Orthés, par Abraham Royer, imprimeur du roy en Béarn*, 1610. In-8, front. par L. Gaultier, représentant le portrait d'Henri IV, en buste, v. br.

Livre rare, dont le sujet est un éloge amphigourique et cocasse du roi Henri IV, dont l'auteur a été le vice-chancelier en Navarre.

335. Histoire du roy Henry le Grand, composée par messire Hardouin de Perefixe, evesque de Rodez, revue, corrigée et augmentée par l'auteur. *A Paris, de l'impr. d'Edme Martin et au palais, chez Thomas Jolly et L. Billaine*, 1662. In-12, v. br.

A la suite se trouve : Henry le Grand, au Roy, poème, troisième édition. *Paris*, 1662. In-12 de 20 pp.

336. Apologie pour messire Henry-Louys Chastaigner de La Rochepozay, evesque de Poictiers contre ceux qui disent qu'il n'est pas permis aux ecclésiastiques d'avoir recours aux armes en cas de nécessité. *S. l.* 1615. In-8, vélin.

Par Jean Duvergier de Hauranne, abbé de Saint-Cyran. Cet ouvrage rare est terminé par une liste des prélats qui ont pris les armes.

337. Les Révélations de l'Hermite solitaire sur l'estat de la France (par J. Chesnel, sieur de la Chappronnaye). *A Paris, chez Toussaincts du Bray*, 1617. In-8, titre gravé et fig., vélin.

A la suite on a relié : La Reigle et constitution des chevaliers de l'ordre de la Magdeleine (par de la Chappronnaye). *A Paris, chez Toussaincts du Bray*, 1618. In-8.
Deux ouvrages rares. Mouillures.

338. Les Mémoires de la Roine Marguerite (publiés par Auger de Moléon, seigneur de Granier). *A Paris, par Charles Chappellain, rue de la Bucherie, à l'image Saincte Barbe*, 1628. Pet. in-8, vélin.

Édition originale de ces mémoires, avec l'errata et le privilège qui ne font pas partie de la réimpression faite sous la même date.

339. Les Mémoires d'Estat de messire Philippes Hurault, comte de Chiverny, chancelier de France, avec une ins-

truction à monsieur son fils ; ensemble la Généalogie de
la maison des Hureaux, etc. *A Paris, chez Pierre Billaine,*
1636. In-4, mar. rouge, fil. (*Anc. rel.*)

> Première édition. La généalogie de la famille Hurault qui s'y trouve
> n'a pas été reproduite dans les éditions postérieures.
> Reliure très fraiche, avec les initiales R R entrelacées et surmontées
> de la couronne ducale.

340. LES AVANTURES du baron de Foeneste, comprinses en
4 parties. Les trois premières revues, augmentées et dis-
tinguées par chapitres ; ensemble la quatriesme partie
nouvellement mise en lumière, le tout par le mesme autheur (Théodore-Agrippa d'Aubigné). *Au Dezert, imprimé
aux despens de l'autheur,* 1630. In-8, vélin.

> Première et seule édition complète, publiée du vivant de l'auteur.
> Cachet sur le titre.

341. Les Avantures du baron de Foeneste, par Théodore-
Agrippa d'Aubigné, édition nouvelle, augmentée enrichie
de notes par M*** (Le Duchat). *A Cologne, chez les héritiers de Pierre Marteau,* 1729. 2 vol. in 12, fig., v. gran.

342. Chronologie septenaire de l'histoire de la Paix entre
les roys de France et d'Espagne, contenant les choses plus
mémorables advenues en France, Espagne, Allemagne,
Italie, Angleterre, Escosse, Flandres, Hongrie, Pologne,
Suece, Transilvanie et autres endroits de l'Europe : avec
le succez de plusieurs navigations faites aux Indes orientales, occidentales et septentrionales, depuis le commencement de l'an 1598 jusqu'à la fin de l'an 1604, divisée en
sept livres (par Victor Palma Cayet). *A Paris, par J. Richer,* 1611. Fort vol. in-8, titre gravé, vélin.

343. Remonstrances faites à l'ouverture de la cour du Parlement de Provence, par M. J. L. Monyer, avocat général du roy en ladite cour. *A Paris, chez Gilles Robinot,*
1614. In-8, vélin.

344. LE TRÉSOR des Trésors de France vollé à la couronne,
par les incongneues faussetez, artifices et suppositions
commises par les principaux officiers de Finance, descouvert et présenté au roy Louys XIII en l'assemblée de ses
États généraux, tenus à Paris l'an 1615, par Jean de
Beaufort, Parisien, avec les moyens d'en retirer plusieurs

millions d'or et soulager son peuple à l'advenir. *S. l.*, 1615. In-4, parch. dos et plats entièrement semés de fleurs de lis, tr. dor. (*Anc. rel.*)

Bel exemplaire d'un livre d'une grande rareté.

345. RECUEIL DE PIÈCES SATYRIQUES, relatives aux guerres de religion sous Louis XIII. En 1 vol in-8, cart.

1° La Pourmenade du Pré-aux-Clercs. *S. l.*, 1622 (32 pp. ch.). — 2° Le Satyrique renversé [ou l'Anti-Pourmenade du Pré-aux-Clercs]. *S. l.*, 1622. (14 pp. ch. et 1 f. pour une pièce en vers : *Écho*). — 3° Le Lourdaut vagabond, rencontré par l'Esprit de la Cour, à la monstre qui se faisoit au Pré-aux-Clercs, près de Paris, mis en dialogue par A. C. *A Paris*, 1614 (15 pp. ch.). — 4° Les Facecieuses et plaisantes Promenades des exilés. (30 pp. mal chiffrées; le titre manque). — 5° Les Grands Jours tenus à Paris, par M. Muet, lieutenant du petit criminel. *S. l.*, 1624. (32 pp. ch.). — 6° Les Assizes tenues à Gentilly, par le sieur Baltazar, bailly de Saint-Germain Des-prez. *S. l.* 1623. (31 pp. ch.).

Toutes ces pièces sont fort rares et curieuses. Les deux dernières, écrites avec une verve incroyable, sont particulièrement intéressantes pour l'histoire des mœurs ; on pourrait les ranger parmi les facéties.

346. Les Ambassades et Négociations de l'illustrissime et révérendissime cardinal Du Perron, archevesque de Sens, primat des Gaules et de Germanie, et grand aumosnier de France, avec les plus belles et éloquentes lettres, tant d'Estat et de doctrine, que familières, qu'il a écrittes sur toutes sortes de sujets, aux roys, princes... et celles qui lui ont esté addressées de leur part..., recueillies et accompagnées de sommaires et advertissements par César de Ligny, secrétaire dudit seigneur. *A Paris, par Antoine Estienne*, 1623. In-fol., v. f. fil. tr. dor. (*Armoiries sur les plats.*)

Bel exemplaire réglé.

347. Ordonnance du roy Louis XIII, roy de France et de Navarre, sur les plaintes et doléances faittes par les députez des estats de son royaume convoquez et assemblez en la ville de Paris en l'année 1614, et sur les advis donnez à Sa Majesté par les assemblées des notables tenues à Rouen en l'année 1617, et à Paris en l'année 1626, publiée en Parlement le 15 janvier 1629. *A Paris, par Antoine Estienne, P. Mettayer et C. Prévost*, 1629. In-8, mar. rouge, fil. tr. dor. (*Rel. anc.*)

348. PANÉGYRIQUE consacré par Jean de Meaulx, gentilhomme de Marseille, à l'éternelle mémoire de... Henry de Lorraine, comte d'Harcourt, chevalier des ordres du roy et lieutenant général de l'armée navale, prince triomphant pour avoir esté victorieux des Espagnols sur la mer Méditerranée en la reprise des îles Saincte Marguerite et Sainct Honorat de Lerin, sous les fortunées et glorieuses enseignes du très grand et invincible Louys XIII... *A Aix, par Estienne David, imprimeur du roy*, 1639. In-fol., vignette gravée sur le titre, 133 pp. ch., v. br.

A la suite de cet ouvrage, fort rare et non cité au *Manuel*, est relié : A Monsieur de Meaulx pour son Panégyrique à Monseigneur le comte d'Harcourt, ode, par Marchetty, prêtre de l'Oratoire, 16 pp.

349. Histoire de la vie du duc d'Espernon, divisée en 3 parties (par Girard). *A Paris, chez Aug. Courbé,* 1655. In-fol., portr., v. br. fil.

Bel exemplaire, grand de marges, et aux armes de De Thou.

350. Des justes Prétentions du roy sur l'empire, par le sieur Aubery, aduocat au Parlement. *A Paris, chez Antoine Bertier*, 1667. In-4, vélin.

Cet ouvrage, d'après le P. Niceron, donna de l'ombrage à tous les princes d'Allemagne, qui en firent des plaintes. Le conseil, pour les apaiser, jugea à propos de faire conduire l'auteur à la Bastille, où il fut bien traité... et mis bientôt en liberté. Plusieurs auteurs allemands entreprirent de réfuter son livre.

351. Les Mémoires de Michel de Marolles, abbé de Villeloin, divisez en trois parties, contenant ce qu'il a vu de plus remarquable en sa vie depuis l'année 1600, ses entretiens avec quelques-uns des plus sçavants hommes de son temps et les généalogies de quelques familles alliées dans la sienne, avec une briève description de la très illustre maison de Mantoue et de Nevers. *A Paris, chez Ant. de Sommaville,* 1656. 4 parties en 1 vol. in-fol., portr., v. fauve, dos orné, fil. (*Rel. anc.*)

Ouvrage curieux dont on recherche cette édition parce qu'elle renferme la généalogie de l'abbé de Marolles et celles des familles alliées à la sienne, partie qui n'a pas été reproduite dans la seconde édition donnée par l'abbé Goujet. Ces mémoires sont très rares, surtout avec la quatrième partie qui se trouve dans cet exemplaire.

352. Histoire du mareschal de Guebriant, contenant le récit de ce qui s'est passé en Allemagne dans les guerres des couronnes de France et de Suède et des Estats alliez contre la maison d'Austriche, avec l'histoire généalogique de la maison du même Mareschal et de plusieurs autres des principales de Bretagne, qui y sont alliées ou qui en

sont descendues, justifiée par titres, histoires et autres
preuves identiques, par Jean le Laboureur, conseiller et
aumosnier du Roy, prieur de Juvigné. *A Paris, chez
Pierre Lamy*, 1657. In-fol., portr. par NANTEUIL, v. brun.

A la suite, on a relié : Histoire généalogique de la maison des Budes
(par le même). *Paris*, 1656. In-fol.

353. Remarques de M. le mareschal de Bassompierre sur les
vies des roys Henry IV et Louys XIII, de Dupleix. *A
Paris, chez P. Bienfait,* 1665. In-12, v. br.

Exemplaire aux armes de LECLERC DE LESSEVILLE, comte de Brioude.

354. PANÉGYRIQUE de Louys XIII, roy de France et de Navarre, par Anthoine du Laurens, conseiller du Roy, un
de ses aumosniers ordinaires et abbé de S. Pierre de
Vienne. *Paris*, 1624. In-8, de 86 pp., vél. fil. tr. dor. (*Rel.
anc.*)

Exemplaire réglé.

355. DE VITA ET REBUS gestis eminentissimi ac reverendissimi
D. Petri Berulli S. R. E. cardinalis, congregationis ora-
torii Domini nostri J. C. in Gallia fundatoris, libri duo,
auctore Ludovico Donio d'Attichy, episcopo Regiensi in
secunda Narbonensi. *Parisiis, apud Sebastianum Cramoisy,*
1649. In-8, vél. à comp. tr. dor. (*Rel. du temps.*)

Bel exemplaire, réglé, de cette rare biographie du cardinal de Bérulle,
ministre d'Etat sous Louis XIII et dont Richelieu fut le rival.

356. AMBASSADE extraordinaire de MM. les ducs d'Angoulême, comte de Béthune, et de Preaux Chasteau-Neuf,
envoyez par le roy Louis XIII vers l'empereur Ferdinand
II et les princes potentats d'Allemagne en l'année 1620
avec les observations politiques de M. de Béthune, em-
ployé en cette ambassade et en plusieurs autres considérables, sous les règnes de Henry IV et de Louis XIII. *A
Paris, chez François Preuveray,* 1667. Gr. in-fol., mar.
rouge, dos orné, fil. tr. dor.

Exemplaire de dédicace en GRAND PAPIER, aux armes et au chiffre
couronné du roi LOUIS XIV ; elle est un peu fatiguée.

357. CODICILLES de Louis XIII, roi de France et de Nauarre,
à son très cher fils ainé successeur en ses royaumes
de France et de Navarre, Canadas, Mexique, etc. (A la fin :)
Achevé d'imprimer le septiesme d'août, 1643. 4 parties en

2 vol. in-24, mar. rouge, dos orné, fil. tr. dor. (*Rel.
ane.*)

Très-bel exemplaire de ce livre singulier et rare, revêtu d'une excellente reliure.

358. Les Mémoires de messire Jacques de Chastenet, chevalier, seigneur de Puysegur, colonel du régiment de Piedmont, et lieutenant général des armées du Roy sous les règnes de Louis XIII et de Louis XIV, donnez au public par M. Du Chesne, historiographe de France. *A Paris, chez Ch.-Ant. Jombert,* 1747. 2 vol. in-12, portr.; mar. rouge, fil. tr. dor. (*Rel. anc.*)

359. Mémoires du maréchal de Grammont, duc et pair de France, commandeur des ordres du Roy, gouverneur de Navarre et de Béarn donnez au public par le duc de Grammont, son fils, pair de France. *A Paris, chez Michel David,* 1716. 2 vol. in-12, v. fauve.

Exemplaire aux armes de H.-Gab. Riquetti, comte de Mirabeau.

360. Lettres de MM. d'Avaux et Servien, ambassadeurs pour le roy de France en Allemagne, concernantes leurs différens et leurs responses de part et d'autre en l'année 1644. *S. l.,* 1650. — Lettre de M. Servien, plénipotentiaire de France, adressée à chacune des provinces unies des Païs-Bas séparément. *S. l.,* 1650. 2 ouv. rel. en 1 vol. in-12, v. marbré.

361. Jugement de tout ce qui a esté imprimé contre le cardinal Mazarin depuis le sixième januier, jusques à la déclaration du premier avril mil six cens quarante-neuf. *S. l. n. d.* In-4, vél.

Par Gabr. Naudé. Ce livre est rare et très-curieux. Il y a une première édition de 1649 qui contient 492 pp. ; celle-ci est de 1650 et contient 718 pp. Bel exemplaire, grand de marges.

362. Recueil de Maximes véritables et importantes pour l'institution du Roy contre la fausse et pernicieuse polique du cardinal Mazarin, prétendu sur-intendant de l'éducation de Sa Majesté (par Claude Joly). *A Paris,* 1652. In-8, vélin.

Première édition, fort rare, le livre ayant été condamné au feu.

363. Bouclier d'Estat et de justice contre le dessein manifestement découvert de la Monarchie universelle (par le

baron François-Paul de Lisola). *S. l.* (*Bruxelles, Foppens.*), 1667. Pet. in-12, vél.

> Le baron de Lisola fut un adversaire énergique de la politique de Louis XIV ; le *Bouclier* est le seul de ses écrits qu'il avoue dans le *Dénouement des intrigues du temps*. Sa plume était redoutée en France ; il existe une lettre de Louvois au maréchal d'Estrade, en date du 15 janvier 1674, dans laquelle il est dit que « ce serait un grand avantage de pouvoir le prendre et que même il n'y aurait pas grand inconvénient de le tuer. » (Barbier.)
>
> Il y a de ce livre, qui se rattache à la collection elzévirienne, plusieurs éditions sous cette date ; celle-ci, la plus jolie, est la quatrième.

364. LES SOUPIRS DE LA FRANCE ESCLAVE qui aspire après la liberté. *S. l.*, 1689. In-4, de 238 pp., mar. rouge, dos orné à la Padeloup, fil. tr. dor. (*Rel. anc.*)

> ÉDITION ORIGINALE, exécutée en grosses lettres. Cet ouvrage est divisé en 15 mémoires, qui sont attribués à Jurieu ou avec plus de probabilité à Michel Le Vassor, tous deux de la religion protestante.
>
> « Cette publication fut naturellement l'objet d'une surveillance spéciale de la police de Louis XIV. On détruisit avec le plus grand soin tous les exemplaires sur lesquels on put mettre la main, et elle devint si rare qu'en 1772 le chancelier Maupeou en acheta un exemplaire dans une vente au prix de cinq cents livres sur l'enchère du duc d'Orléans. » (Barbier.)
>
> Très bel exemplaire, revêtu d'une reliure extrêmement fraîche.

365. MÉMOIRES et négociations secrettes de diverses cours de l'Europe, par M. de la Torre. *A la Haye, chez la veuve d'Adrien Moetjens*, 1725. 5 vol. in-12, v. marbré, fil.

> Exemplaire aux armes de Mme la marquise DE POMPADOUR. Court de marges.

366. Histoire du cardinal de Tournon, ministre de France sous quatre de nos rois, par le P. Charles Fleury, de la Compagnie de Jésus. *A Paris, chez d'Houry*, 1728. In-8, portr., v. brun.

367. LETTRES et négociations de M. Van Hoey, ambassadeur à la cour de France (pour servir à l'histoire de la vie du cardinal de Fleury). *A Londres, chez John Nourse*, 1743. 2 parties en 1 vol. in-12, v. gr. fil.

> Exemplaire aux armes de la marquise DE POMPADOUR.

368. Histoire des Démêlez de la cour de France avec la cour de Rome au sujet de l'affaire des Corses, par M. l'abbé Regnier Desmarais. *S. l.*, 1757. 2 parties en 1 vol. in-4, front. v. gr.

> On a joint à cet ouvrage : 1° La Protestation de M. le marquis de Lavardin, ambassadeur extraordinaire de France à Rome (4 pp.) et 2° Le

Plaidoyer de M. Denys Talon, avocat général, et l'arrêt du Parlement qui
intervint (15 pp.). La protestation est du 27 décembre 1687 et l'arrêt du
23 janvier janvier 1688.

369. ÉLOGE HISTORIQUE de Mᵍʳ le duc de Bourgogne (par le
Franc de Pompignan). *A Paris de l'Imprimerie royale,*
1761. In-8, portr. et 3 vignettes de Cochin, mar. rouge,
dos orné, fil. tr. dor. (*Rel. anc.*)

    Charmant exemplaire.

370. MÉMORIAL DE LA COUR contenant les différens événemens et morts arrivés en l'année 1787, dressé par Le
Jeune, page, etc. *S. l.*, 1788. In-18, mar. rouge, dent.
fleurdelisée, tr. dor. (*Reliure du temps, aux armoiries
royales sur les plats.*)

371. ALMANACH HISTORIQUE de la Révolution françoise pour l'année 1792, (précis de l'Histoire de la Révolution françoise) rédigé par M. J.-P. Rabaut. *A Paris, chez
Onfroy (de l'imprimerie de Didot l'aîné),* 1792. In-16, mar.
vert, dos orné, fil. tr. dor. (*Bradel-Derome.*)

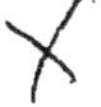

    Première édition. Exemplaire sur PAPIER VÉLIN, orné de 6 jolies vignet-
tes de MOREAU LE JEUNE, gravées en 1791 par Simonet, V. Langlois, Hal-
bou, Hubert Coiny et de Longueil ; ces épreuves sont AVANT LA LETTRE.
    A la suite, est reliée : *La Constitution françoise décrétée par l'Assemblée
nationale constituante, etc.* (102 pages.)

B. Histoire civile, militaire, etc.

372. Alliances généalogiques des rois et princes de Gaule,
par Claude Paradin. *A Lyon, par Jan de Tournes,* 1561.
In-fol., figures de blasons, bas.

    Première édition. Mouillures.

373. HISTOIRE GÉNÉALOGIQUE de la maison de France revue et
augmentée en cette troisiesme édition.... par Scevole et
Louis de Saincte Marthe. *A Paris, chez Seb. et Gabriel
Cramoisy,* 1647. 2 vol. in-fol., nombr. figures de blasons
gravés, mar. rouge, dos orné, fil. tr. dor. (*Anc. rel.*)

    Bel exemplaire.

374. Traicté de la souveraineté du Roy et de son royaume
à messieurs les Députez de la noblesse, par M. Jean Savaron, conseiller du Roy, président, lieutenant général en

la Seneschaussée d'Auvergne, etc. *A Paris, chez P. Chevalier,* 1615. — De la Souveraineté du Roy et que Sa Majesté ne la peut soumettre à qui que ce soit ny aliéner son domaine à perpetuité (par le même). *Paris, chez P. Mettayer,* 1620. En 1 vol. in-8, vélin.

Volume peu commun.

375. Examen du discours publié contre la Maison Royalle de France, et particulièrement contre la branche de Bourbon, seule reste d'Icelle, sur la loy Salique, et succession du Royaume par un catholique, apostolique, romain mais bon françois, et très fidèle subjet de la couronne de France (Pierre de Belloy). *Imprimé nouvellement,* 1587. Pet. in-8, parch. à recouvr.

Réfutation d'un discours contre la loi salique, que les Guise avaient fait publier. Fort rare.

376. Le Miroir des François, compris en trois livres, contenant l'estat et maniement des affaires de France, tant de la justice que de la police avec le reglement requis par les trois estats pour la pacification des troubles, abolition des excessives tailles, et gabelles... Et généralement tous les secrets qu'on a pu recueillir pour l'embellissement et enrichissement du Royaume, et soulagement du public, le tout mis en dialogue par Nicolas de Montand. *Imprimé l'an M.D.LXXXII.* Pet. in-8, v. fil.

Ouvrage curieux et rare, selon La Monnoye. Montand est le nom supposé de Nic. Barnaud. Il y a deux éditions sous la même date ; celle-ci, qui est la meilleure, a 726 pages.

377. Traité de la minorité de nos rois et des régences du Royaume avec les preuves tirées tant du trésor des chartes du Roy que des registres du Parlement et autres lieux, ensemble un Traité des prééminences du Parlement de Paris, par Monsieur Dupuy. *A Paris, chez la veuve Mathurin Du Puis et Edme Martin,* 1655. In-4, portrait, v. fauve, fil. (*Anc. rel.*)

378. Chronologie des Estats généraux ou le tiers estat est compris, depuis l'an M.DCXV jusques à CCCCXXII. Au roy très chrestien Loys XIII, par M. Jean Savaron, président, lieutenant général en la Sénéchaussée d'Auvergne, etc. *A Paris, chez Pierre Chevalier,* 1615. In-8, vélin.

379. Les Antiquitez et recherches de la grandeur et ma-

jesté des roys de France divisées en trois livres, recueillies tant des auteurs anciens que des meilleurs escrivains
de ce siècle (par A. Du Chesne). *A Paris, chez Jean Petit-
Bas,* 1609. In-8, titre gravé, vélin, fil. tr. dor. (*Rel. anc.*)

Exemplaire réglé. Le titre gravé représente Henri IV au milieu de sa
famille.

380. De l'Excellence des Roys et du Royaume de France,
traitant de la préséance, premier rang et prérogatives des
roys de France par dessus les autres, et des causes d'icelles
par P. H. B. P. (Hiérôme Bignon). *A Paris, chez H. Drouart,*
1610. In-12, vélin.

381. Le Secret des finances de France, descouvert, et départi
en trois livres par N. Froumenteau, et maintenant publié
pour ouvrir les moyens légitimes et nécessaires de payer
les dettes du Roy, descharger ses sujets des subsides
imposez depuis trente un ans..... *S. l.,* 1581. 3 tom. en
1 vol. in-8, cart.

Livre rare, qui donne des renseignements curieux sur la statistique de
la France à l'époque où écrivait l'auteur. Première édition sous ce titre,
c'est-à-dire sur beau papier et avec l'article *Le* du titre en caract. italiques
(voir Brunet).

382. Mémoires pour servir à l'histoire du droit public de la
France en matière d'impôts, ou Recueil de ce qui s'est
passé de plus intéressant à la cour des Aides depuis
1756 jusqu'au mois de juin 1775, avec une table générale
des matières (publié par Auger, avocat, sous l'inspection
du président Choart). A *Bruxelles (Paris),* 1779. In-4,
mar. r. fil. doublé de moir viol. avec dent. tr. dor. (*Rel.
anc.*)

Recueil de toutes les opérations de Malesherbes pendant sa première
présidence de la cour des Aides, c'est-à-dire pendant 25 ans. Il est devenu
rare, ayant été supprimé.

383. CHRONOLOGIE HISTORIQUE MILITAIRE conte-
nant l'histoire de la création de toutes les charges, digni-
tés et grades militaires supérieurs, de toutes les personnes
qui les ont possédés depuis leur création jusques à présent; des troupes de la maison du Roi, et des officiers
supérieurs qui y ont servi; de tous les régiments et autres
troupes et des colonels qui les ont commandés..... tirée
sur les originaux; avec des notes critiques des auteurs
qui ont travaillé à l'histoire de France et militaire par

M. Pinard. *A Paris, chez Claude Hérissant*, 1760-1778. 8 vol. in-4, v. marb.

> Très bel exemplaire d'un ouvrage important pour l'histoire militaire de la France et pour celle des familles nobles. Les 8 volumes se trouvent difficilement réunis.

384. Essais historiques sur les régiments d'infanterie, cavalerie et dragons par M. de Roussel. *A Paris, chez Guillyn*, 1767. 18 parties en 9 vol. in-12, v. marb.

> Ces 9 volumes contiennent l'histoire militaire des régiments de Champagne, Béarn, Orléans, Condé, Bourbon, Chartres, Normandie, Bourbonnais, Guyenne, Royal-vaisseaux, Royal-Dauphin, Auvergne, Cambrésis, Foix, Navarre, Piémont et Picardie.

385. Traicté de la Chancellerie, avec un recueil des chanceliers, et gardes des Sceaux de France par Pierre de Miraulmont, escuyer, sieur de la Mairie etc. *A Paris, par Fr. Huby*, 1610. In-8, vél.

386. L'Amiral de france, et par occasion, de celuy des autres nations, tant vieiles que nouvelles (Gaulois, Romains, Grecs, Perses, et autres peuples anciens), par le sieur de la Popellinière. *A Paris, chez Th. Périer*, 1584. In-4, 14 ff. lim. 92 ff. ch. plus la table (5 ff.) et les errata (1 f.), vélin.

> La dédicace de cet ouvrage peu commun est adressée par l'auteur à Messire Anne de Joyeuse, duc et pair de France, amiral de France et de Bretagne, etc.

387. Réglemens généraux arrêtés par monseigneur le duc de Choiseul concernant les officiers de l'État-Major de l'École royale militaire. — Règlement général pour les professeurs et maîtres et élèves de l'École royale militaire. *Paris, Imp. royale*, 1765. 3 parties en 1 vol. in-12, veau marbré.

E. Solennités civiles et religieuses (Entrées, Mariages, Funérailles).

388. LABYRINTHE ROYAL de l'Hercule Gaulois triomphant sur le sujet des fortunes, batailles, victoires, trophées, triomphes, mariages et autres faicts héroïques et mémorables de très-auguste et très-chrestien prince Henri IIII, roi de France et de Navarre, représenté à l'entrée triomphante de la royne en la cité d'Avignon, le

19 novembre 1600 (par l'abbé André Valladier). *A Avignon, chez Jaques Bramereau. S. d.* (1601). In-fol., titre gravé et fig., cart.

> Livre rare, avec 12 gravures en taille-douce de Greuter et les portraits de Henri IV et de Marie de Médicis.
> Bel exemplaire, grand de marges.

389. LE CAMP DE LA PLACE ROYALLE ou relation de ce qui s'est passé les cinquiesme, sixiesme et septiesme jour d'avril mil six cents douze, pour la publication des mariages du Roy et de Madame avec l'Infante et le prince d'Espagne. Le tout recueilly par le commandement de Sa Majesté (par H. Laugier de Porchières). *A Paris, chez J. Micard,* 1612. In-4, vél.

> Livre fort rare.

390. LE ROMANT DES CHEVALIERS de la gloire contenant plusieurs hautes et fameuses aduētures des princes et des chevaliers qui parurent aux courses faites à la place Royale pour la feste des Alliances de France et d'Espagne avec la description de leurs entrées, équipages, habits, machine, deuises, armes et blasons de leurs maisons par François de Rosset. *A Paris, chez François Huby,* 1613. In-4, veau f.

> Récit des tournois qui ont eu lieu aux fêtes dont l'ouvrage précédent nous donne la relation officielle. Piq. de vers.

391. LA VOYE DE LAICT, ou le chemin des héros au palais de la gloire ouvert à l'entrée triomphante de Louys XIII roy de France et de Navarre en la cité d'Avignon le 16 de novembre 1622..... *En Avignon de l'imprimerie de J. Bramereau,* 1623. In-4, front., fig., non rel.

> Livre rare, orné de 8 grandes planches à l'eau-forte par L. Palma. Manque le portrait du roi.

392. DISCOURS sur les arcs triomphaux dressés en la ville d'Aix à l'heureuse arrivée du très-chrestien, très-grand et très-juste monarque Louys XIII, roy de France et de Navarre. *A Aix, par Jean Tholosan* (1624). In-fol., en feuilles.

> Ouvrage rare, composé par Jean Gallaup de Chastueil, procureur général à la cour des comptes d'Aix. Titre gravé, grande planche pliée, 7 planches d'arcs de triomphe; 7 tableaux emblématiques et le plan géométrique de la ville d'Aix, gravés à l'eau forte par Maretz.
> Bel exemplaire, grand de marges.

393. HISTOIRE CURIEUSE de tout ce qui s'est passé à
l'entrée de la Reyne mère du Roy très-chrestien dans les
villes des Pays-Bas par le sieur de la Serre historiographe
du Roy. *A Anvers, en l'imprimerie Plantinienne de Bal-
thasar Moretus.* 1632. In fol., fig., v. brun, fil. tr. dor.
(*Anc. rel.*)

> Livre extrêmement rare. Le titre-frontispice et le portrait de la reine
> Marie de Médicis, gravés par Corn. Galle, sont d'une grande beauté et
> d'une exécution vraiment remarquable ; les trois autres planches sont de
> A. Paulus.
> A la suite, on a relié : In Obitum serenissimi piissimiq. principis Sigis-
> mundi III Poloniæ et Sueciæ magni Regis Simonis Starovolscii Oratio.
> *Antuerpiæ,* 1632 ; in-fol., 49 pp.

394. Discours sur les Arcs triomphaux dressés en la ville
d'Aix, à l'heureuse arrivée de monseigneur le duc de
Bourgogne et de monseigneur le duc de Berry (par
Pierre de Chastueil-Gallaup). *A Aix, chez Jean Adibert,*
1701. In-fol., 5 ff. prél. et 76 pp. et fig., v. marbré.

> Le duc de Bourgogne, c'est le père de Louis XV ; le duc de Berry, c'est
> son frère cadet, Charles de France. Volume orné de 4 pl. gravées à l'eau-
> forte par Cundier.

395. Réflexions sur le libelle intitulé « Lettre critique de
Sextius le Salien (Pierre-Joseph de Haitze) à Euxenus le
Marseillois (de Roissy), touchant « le Discours sur les
arcs triomphaux dressez en la ville d'Aix à l'heureuse arrivée de Mgr le duc de Bourgogne et de Mgr le duc de
Berry » (par Pierre Gallaup de Chastueil), A. M. D. S. C.
D. R. A. P. D. P. (à M. de Suffren, conseiller du roi
au Parlement de Provence). *Cologne, Pierre Le Blanc,*
1702. In-12, v.

> Cet ouvrage contient une lettre et des pièces de vers de F. de Remer-
> ville de Saint-Quentin, ce qui l'a fait plusieurs fois attribuer à tort à ce
> dernier.

396. L'Auguste Piété de la royale maison de Bourbon, sujet
de l'appareil fait à Avignon pour la réception de Mgr le
le duc de Bourgogne et de M. le duc de Berry, durant le
consulat de M. le marquis de Sade, de M. J.-B. Barbier, de
M. P. Gollier et de M. C. Bayol, assesseur, par le P. J.-J.
Bontous de la Compagnie de Jésus. *A Avignon, chez Fr.-Séb.
Offray,* 1704. In-fol., front. planches et vignettes, bas.

> Volume rare et curieux, orné de 6 planches, dont une, fort belle, est
> gravée par Daugard, et les autres par L. David.

397. RELATION DES FUNÉRAILLES de Louis XV, Marie Leckzinska et de plusieurs princes français et étrangers de cette époque. En 1 vol. in-4, demi-rel.

En voici le détail. On remarquera surtout la première pièce, fort rare aujourd'hui :

1° Mémoire sur la nécessité de mettre les sépultures hors de la ville de Paris, présenté à M. de Calonne, ministre d'Etat... par le sieur Labrière, architecte de Mᵍʳ comte d'Artois. *S. l. n. d.* (8 pp. et 2 pl.); 2° Description du catafalque et du cénotaphe érigés dans l'église de Paris, le 7 septembre 1774, pour... Louis XV, roi de France et de Navarre. *Paris*, 1774 (27 pp., en-tête d'après *Moreau le Jeune* et 6 pl. de A. Challe, gravées par Lempereur); 3° Description du mausolée érigé dans l'église de l'Abbaye royale de Saint-Denys le 27 juillet 1774, pour les obsèques de... Louis XV, roi de France. *Paris,* 1774 (24 pp., en-tête d'après *Mcreau* et 4 pl. de A. Challe, gravées par Lempereur); 4° Description du mausolée de... Marie-Charlotte-Sophie-Félicité Leszczynska, reine de France, érigé en l'église de Saint-Denis, 11 août 1768. *Paris*, 1768 (19 pp., vign. d'après Cochin et 4 pl. d'après Challe ; 5° Description du mausolée pour.... Louis Dauphin de France, fait à Paris dans l'église Notre-Dame, le 1ᵒ mars 1766. *Paris*, 1766 (11 pp., vign. d'après Cochin et 4 pl. d'après Challe); 6° Description de la pompe funèbre faite dans la chapelle royale de MM. les Pénitens bleus de Toulouse pour la mémoire de... Mᵍʳ Louis, Dauphin de France, le 26 avril 1766. *Toulouse* (21 pp.) ; 7° Description du mausolée pour... Marie-Josèphe-Albertine de Saxe, dauphine de France, fait à Paris dans l'église de Notre-Dame, le 3 septembre 1767. *Paris*, 1767 (15 pp., vign. d'après Cochin et 4 pl. d'après Challe); 8° Description du mausolée et de la pompe funèbre faite dans l'église de Notre-Dame, le 12 juin 1766 pour... Stanislas Leszczynski, roi de Pologne. *Paris*, 1766, (17 pp., vign. d'après Cochin et 3 pl. d'après Challe) ; 9° Description du catafalque exécuté à Paris dans l'église de Notre-Dame à l'occasion du service qui se fera dans la même église le jeudi 9 juillet 1761, pour... Amélie de Saxe, reine d'Espagne et des Indes. *Paris*, 1761 (20 pp., vign. d'après Cochin); 10° Description du catafalque et de la pompe funèbre pour... Elisabeth Farnèze, reine d'Espagne et des Indes, fait à Paris dans l'église de Notre-Dame, le 27 novembre 1766. *Paris*, 1766 (12 pp., vign. d'après Cochin et 3 pl. d'après Challe); 11° Description du mausolée érigé à Paris dans l'église de Notre-Dame à l'occasion du service solennel fait dans la même église le 13 mars 1766 pour... Philippe de Bourbon, infant d'Espagne, duc de Parme et de Plaisance, etc. *Paris,* 1766 (12 pp., vign. d'après Cochin et 3 pl. d'après Challe); 12° Description du mausolée et de la pompe funèbre pour... Marie-Thérèse-Walpurge-Amélie-Christine d'Autriche, impératrice reine de Hongrie et de Bohême. *Paris*, 1781 20 pp., vign. et 2 pl. (la 3ᵒ manque), plus 1 pl., gravées par MOREAU LE JEUNE) ; 13° Description du mausolée et de la pompe funèbre faite dans l'église de Notre-Dame de Paris, le 25 mai 1773 pour... Charles-Emmanuel III, roi de Sardaigne, duc de Savoie.... *Paris,* 1782 (16 pp., vign. portr. d'après Moreau et 4 pl. d'après Challe) ; 14° Détail de la maladie, de la mort et des honneurs funèbres rendus à S. A. Sᵐᵒ Mᵐᵒ la Landgrave de Hesse-Rhinfels, etc., décédée au Palais épiscopal de Strasbourg le 12 décembre 1773. *Strasbourg* (23 pp.).

Les deux grandes planches des funérailles de l'impératrice Marie-Thérèse (n° 12), gravées par Moreau le Jeune d'après Paris, sont à l'état *d'eaux-fortes, avec les noms des artistes à la pointe.*

D. Histoire Religieuse.

398. Dissertation sur l'époque de l'établissement de la religion chrétienne dans le Soissonnois et ses progrès jusqu'à la fin du quatrième siècle; les noms des premiers
évesques de Soissons, le temps et la durée de leur épis-
copat jusqu'à la fin du même siècle par M. Le Beuf, chanoine et sous-chantre d'Auxerre. *A Paris, chez J.-B.
Delespine,* 1737. In-12, mar. rouge, fil. tr. marbr.

> Exemplaire aux armes de Charles Gaspard de Guill. de Vintimille
> du Luc, archevêque d'Aix, puis archevêque de Paris.

399. L'Auguste Basilique de l'abbaye royale de Sainct-
Arnoul de Mets, de l'ordre de Sainct-Benoict... par André
Valladier, abbé de Sainct-Arnoul, aumosnier et prédi-
cateur du Roy, où sont contenues les Bulles, fondations...
A Paris, chez Pierre Chevalier, 1615. In-4, vélin.

> Bel exemplaire.

400. Dissertation historique et critique sur l'origine et l'ancienneté de l'abbaye de S.-Bertin : et sur la supériorité
qu'elle avait autrefois sur l'église de Saint-Omer, où l'on
répond à la critique publiée depuis quelque temps contre
les titres de cette abbaye, par un religieux de l'abbaye de
S.-Bertin (par dom Cléty et dom Louis Lémérault). *Paris,
de l'impr. de Jacq. Guérin,* 1737. In-12, mar. rouge, dos
orné, fil. tr. dor.

> Exemplaire aux armes du cardinal de Fleury, ministre d'État sous
> Louis XV.

401. Histoire des Albigeois et gestes de noble Simon de
Mont Fort, descrite par F. Pierre des Vallées Sernay,
moine de l'ordre de Cisteaux, et rendue de latin en françois par M. Arnaud Sorbin, p[rêtre]. de Montech, docteur
en théologie et prédicateur du Roy. *A Paris, chez Guill.
Chaudière,* 1569. In-8, vélin.

> Volume rare, dédié au duc d'Anjou (Henri III). Pierre de Vaux-Cernay
> a été le témoin occulaire de la guerre des Albigeois. A la suite, se trouve
> un petit poème dû à la plume du traducteur : *Allégresse de la France pour
> l'heureuse victoire obtenue entre Coignac et Chasteauneuf le* 13 *de mars* 1569
> *contre les rebelles Calvinistes;* Paris, G. Chaudière, 1569 (8 ff.). Il manque
> souvent. Taches.

402. Historia Albigensium et sacri belli in eos anno M.CC.IX.

suscepti, duce et principe Simone à Monte-forti, dein
Tolosano comite, rebus strenue gestis clarissimo, auctore
Petro, cœnobii Vallis Sarnensis ord. cisterciensis in Parisiensi diœcesi monacho... *Trecis, apud Joannem Grifard
et Natalem Moreau*, M.VI.C.XV, (1615). Pet. in-8, v.
marbré.

> Première édition du texte latin de cette curieuse relation de Pierre,
> moine de Vaux-de-Cernay.
> Exemplaire aux armes de Caumartin Saint-Ange.

403. Sommaire de l'histoire de la guerre faicte contre les
hérétiques Albigeois, extraict du trésor des Chartes du
Roy, par feu Jehan du Tillet prothonotaire et secrétaire
de la maison et couronne de France, greffier du Parlement de Paris, sieur de la Bussière. *A Paris, chez Robert
Nivelle*, 1590. In-8, vélin.

> « Jean du Tillet est le premier qui a examiné notre histoire par les
> titres authentiques; il est mort en 1570. Tout ce qu'il a fait est fort estimé.
> Cette petite histoire n'est pas commune. » (N. mss.)

404. Histoire des Albigeois et des Vaudois, ou Barbets,
avec une carte géographique des Valées, par le R. P.
Benoist, prédicateur de l'ordre de Saint-Dominique.
A Paris, chez Jacq. Le Febvre, 1691. 2 vol. in-12, carte, v.
br.

> Exemplaire aux armes de Le Goulx de la Berchère, évêque de Nar
> bonne.

405. Plainte apologétique au Roy très chrestien de France
et de Navarre pour la Compagnie de Jésus contre le libelle
de l'auteur sans nom intitulé : *Le franc et véritable discours, etc.* (par Ant. Arnauld) avec quelques notes sur un
autre libelle, dit le *Catéchisme des Jésuites* (par É. Pasquier), par Louys Richeome Prouençal, religieux d'icelle
Compagnie. *Bourdeaus, par S. Millanges,* 1603. In-8, vél.
fil. tr. dor.

> Livre fort rare contenant un curieux plaidoyer en faveur du rappel des
> Jésuites bannis par Henri IV en 1594.
> Titre gravé par L. Gaultier.

406. Réponse aux plaintes des protestants touchant la prétendue persécution de France, où l'on expose le sentiment
de Calvin, et de tous les plus célèbres ministres, sur les
peines dues aux hérétiques, etc. (par Denis de Sainte-

Marthe). *Paris, chez Arn. Seneuse,* 1688. In-12, mar. rouge, dos orné, fil. tr. dor. (*Rel. anc.*)

Ce volume porte sur les plats de sa reliure *la croix de Saint-Cyr.* Taches.

407. Recueil de pièces relatives à l'histoire du protestantisme français au XVIIIe siècle. En 1 vol. in-8, mar. rouge, large dent. tr. dor. (*Rel. anc.*)

1° Mémoire politico-critique, où l'on examine s'il est de l'intérêt de l'Eglise et de l'Etat d'établir pour les Calvinistes du royaume une nouvelle forme de se marier et où l'on réfute l'écrit qui a pour titre : *Mémoire théologique et politique sur les mariages clandestins des protestants de France* (par l'abbé J. Novi de Caveirac). *S. l.,* 1756 (4 ff., 228 pp. et 1 f.) ; 2° Mémoire théologique et politique au sujet des mariages clandestins des protestants de France, où l'on fait voir qu'il est de l'intérêt de l'Eglise et de l'Etat de faire cesser ces sortes de mariages, en établissant pour les protestants une nouvelle forme de se marier, qui ne blesse point leur conscience, et qui n'intéresse point celle des évêques et des curés (par J.-P.-Fr. Ripert de Monclar, procureur général au Parlement d'Aix). *S. l.,* 1755 (141 pp.) ; 3° Réponse d'un bon chrétien aux prétendus sentiments des catholiques de France, sur le mémoire au sujet des mariages clandestins des protestants (titre de départ). *S. l. n. d.* (16 pp.) ; 4° Le Conciliateur, ou Lettres d'un ecclésiastique à un magistrat sur les affaires présentes (par Anne-Rob.-Jacq. Turgot et E.-Ch. Loménie de Brienne, depuis cardinal). *Rome,* 1754 (53 pp.).

408. PLAIDOYER de M. de Ripert de Monclar, procureur général du Roi au Parlement de Provence, dans l'affaire des soi-disans jésuites. *S. l. n. d.* (1763). In-12, mar. vert, dos orné, genre Padeloup, fil. doublé de moire jonq. tr. dor. (*Rel. anc.*)

Curieux et fort rare.

409. Recueil de pièces pour servir à l'histoire du clergé de France de 1791 à 1803. En 1 vol. in-8, demi-rel.

1° Décret de l'Assemblée nationale, contenant le serment à prêter par les évêques, curés et autres ecclésiastiques fonctionnaires publics, précédé du rapport fait par M. Voidel, etc. (28 pp.); 2° Exposition des principes sur la constitution du clergé par les évêques députés à l'Assemblée nationale. *Londres,* 1801 ; 3° Lettre des évêques députés à l'Assemblée nationale en réponse au bref du Pape en date du 10 mars 1791. *Londres,* 1801 (suivi du texte de ce bref) ; 4° Mémoire des évêques françois, résidens à Londres, qui n'ont pas donné leur démission. *Londres,* 1802 ; 5° Lettre du pape [Pie VII] à Mgr l'archevêque de Narbonne, avec la réponse des évêques françois réfugiés à Londres. *Londres,* 1802 ; 6° Lettre de Mgr l'archevêque de Narbonne au Très-Saint Père le Pape, etc. *Ibid.;* 7° Lettre de plusieurs évêques françois retirés en Allemagne au pape Pie VII. *Ibid.,* 1802 ; 8° Traduction de la lettre latine écrite au Pape par Mgr l'évêque de Blois. *Londres,* 1808 ; 9° Eclaircissemens demandés à Mgr l'archevêque d'Aix (de Boisgelin), par un prêtre catholique françois (l'abbé de Châteaugiron). *Londres,* 1801.

Curieuses annotations manuscrites et copie d'une lettre pastorale de Mgr de Cicé, archevêque de Bordeaux (9 août 1792).

410. Recueil de pièces pour servir à l'histoire politique et
ecclésiastique de la France de 1802 à 1805. En 2 vol. in-8,
demi-rel.

1º Concordat et pièces y relatives. *Londres*, 1802 (158 pp.) ; 2º Cano-
nicæ et reverentissimæ expostulationes apud SS.DD.NN. Pium divina pro-
videntia Papam VII, de variis actis ad Ecclesiam gallicanam spectantibus
(par l'abbé Le Quien de la Neufville). *Londini*, 1803 (132 pp. et 1 f.) ; 3º Recueil de pièces concernant la demande faite par Notre-Saint Père le
Pape Pie VII le xv août 1801 aux évêques légitimes de France de la démission de leurs siéges, 1802. *S. l.*, 2 part. (78 et 70 pp.) ; 4º Noms de
Messeigneurs les archevêques et évêques de France existans en 1790, par
ordre d'ancienneté de sacre, avec les titres et qualités qu'ils prennent, etc.
Londres, 1802 (12 pp.) ; 5º Discours pour la bénédiction de la chapelle
de King-Street, Portman-Square, par Mgr Jean-de-Dieu Raimond de
Boisgelin, archevêque d'Aix. *Londres*, 1799 (16 pp.) ; 6º Discours pour la
première communion à la chapelle de King-Street (par le même).
Londres, 1799 (31 pp.) ; 7º Discours sur le rétablissement de la religion,
prononcé à Notre-Dame le jour de Pâques, 1802, par Mgr l'archevêque
de Tours (de Boisgelin, ci-devant archevêque d'Aix). *Londres*, 1802
(15 pp.) ; 8º Déclaration et rétractation de François-Thérèse Panisset,
évêque constitutionnel du Mont-Blanc (sans titre). *Londres*, 1796 (16 pp.)
9º Discours funèbre prononcé dans la chapelle catholique de Saint-
Patrick de Londres le 26 avril 1804 au service solennel célébré pour
le repos de l'âme de S. A. S. Mgr le duc d'Enghien (par M. l'abbé de
Bouvans). *Londres* 1804, (25 pp.) (suivi de la copie d'une lettre manuscrite du prince de Condé à ce sujet) ; 10º Notices historiques sur S. A. S.
Mgr le duc d'Enghien, assassiné par ordre de Buonaparte dans le bois de
Vincennes la nuit du 21 au 22 mars 1804. *Londres*, 1804 (50 pp.) ;
11º Lettre à l'auteur de l'Ambigu (par l'abbé Coulon). *Londres*, 1804
(12 pp.) ; 12º Lettre à l'auteur de l'Ambigu (par le même). (*Londres*, 1804,
20 pp.) ; 13º The Speech of Richard Brinsley Sheridan in the House of
commons (8 th december (1812) on the motion for the Army establishment
for the ensuing year. *London*, 1802 (22 pp.) ; 14º Canonicarum et reve-
rentissimarum expostulationum apud SS. DD. NN. Pium divina provi-
dentia Papam VII, de variis actis ad Ecclesiam gallicanam spectantibus
continuatio. *Londini*, 1805 (voir ci-dessus le nº 2) ; 15º Traduction de
la suite des réclamations canoniques et très-respectueuses adressées à
Notre Très-Saint Père Pie VII contre différens actes relatifs à l'Eglise
gallicane, *Londres*, 1805 (109 pp.) ; 16º Déclaration sur les droits du Roy.
Londres, 1805 (20 pp.) ; 17º Lettre de Mgr l'archevêque de Narbonne au
T. S. P. le Pape Pie VII. *Londres*, 1805 (4 pp.) ; 18º Le Gouvernement
françois justifié du reproche d'inconséquence (par l'évêque de S. Paul de
Léon). *Londres*, 1805 (109 pp.) ; 19º Essai sur le principe de la souveraineté
(par l'abbé du Chatelier, ancien vicaire général du Mans). *Londres*, 1804
(196 pp.) ; 20º Discours sur le couronnement de Buonaparte, par l'auteur
des lettres de Cambridge (l'abbé Coulon). *Londres*, 1805 (144 pp.)

E. Mélanges Historiques.

411. Recueil de pièces historiques relatives à Henri III et
Henri IV. En 1 vol. in-8, vélin.

1º Oratio nomine christianissimi Galliarum regis, per reverendiss. et
illustriss. D. Joannem Monlucium episcopum et comitem Valentiæ... post
mortem serenissimi Sigismundi Augusti regis, in electione novi regis
apud Warssauiam habita anno 1573. Die 10 mensis Aprilis. *Parisiis, apud*

J. Richerium, 1573. In-8, 52 ff. chiffr. et 2 ff. ; 2° Harangue faicte et prononcée... le 10° jour du mois d'avril 1573, par... Jean de Montluc, evesque
et comte de Valence... pour l'élection du nouveau roi... *Paris, chez Jean
Richer,* 1573. In-8, 69 ff. chiff et 3 ff. ; 3° Claudii Arnolphi Parisiensis
theologi pro Henrico rege Nauarræ. Oratio ad Gregorium XIII, P. M.
Parisiis, 1573, 8 ff. non ch. ; 4° P. Gemmellii doctoris theologi Orationes
duæ pro Sorbonicis disputationibus habitæ, cum prioris personam in
Sorbona Parisiensi sustineret. *Oliva P. l'Huillier,* 1574. In-8, 60 ff. ch.

**412. Recueil de pièces historiques relatives principalement
à la France (1590 à 1620). En 1 vol. in-8, v. br.**

  1° Premier et second Advertissements des catholiques anglois aux
François catholiques, et à la noblesse qui suit à présent le roy de Navarre
(par Louis Dorléans). *A Lyon, par Jean Pillehotte (jouxte l'exemplaire
imprimé à Paris),* 1590. 2 part. ; 2° Les Protestations faictes à l'Empereur
par les bourgeois et les habitans de la ville de Prague. Traduictes d'allemand (de J.-G. Eylenberg) en françois. *Paris,* 1620 (16 pp.); 3° Récit de
l'entrée solemnelle faicte à Rome aux ambassadeurs de Idate Massamune,
roy de Voxu au Jappon vers la saincteté de Nostre S. P. Paul V (pp. 3 à 16 ;
le titre manque) ; 4° Harangue célèbre et remarquable, prononcée le 27 no-
uembre dernier deuant le Pape et MM. les cardinaux (par Gr. Petzocha).
Ensemble la responce du Pape et les actes de l'audiance publique. *Paris,*
1616 (24 pp.) ; 5° Advis pour la réunion de la terre de Bearn à la couronne de France. *S. l.,* 1615 (16 pp. ; incomplet) ; 6° Lettre déclaratoire de
la doctrine des Pères Jésuites, conforme aux décrets du concile de Constance, adressée à la Royne, mère du Roy, par le P. Coton, de la Compagnie de Jésus. *A Lyon,* 1610 (32 pp.) *(cette pièce est fortement rognée en
tête)* ; 7° Déclaration du Roy sur la permission aux gentilshommes de porter
harquebuze et chasser sur leurs terres. *A Sens, G. Niverd,* 1604 (8 pp.);
8° Déclaration du Roy pour la deffence du port d'armes. *Paris,* 1610
(11 pp.) ; 9° Advis plain de bénédiction pour le Roy et pour son royaume.
Lyon, 1610 (13 pp.) ; 10° Ouverture du commerce portant abolition et ré-
vocation des trente pour cent cy devant imposez sur les marchandises,
par le roy d'Espagne et les archiducs de Flandres. *Lyon, Th. Ancelin,*
1604 (7 pp.) ; 11° Édict du Roy contenant que les quatre trésoriers de l'extraordinaire des guerres seront nommez conseillers du Roy, etc. *S. l. n. d.*
(1581) (14 pp.) ; 12° Lettres et advis de l'assignation donnée par MM. les
princes protestants, à Mgr d'Angoulesme pour l'accommodement des
affaires d'Allemagne... *S. l.,* 1620 (8 pp.); 13° Lettres consolatoires d'un
excellent et très-vénérable prélat, sur l'inopinée mort de ce grand Henri IIII.
A Lyon, 1610 (8 pp.) ; 14° Panegyre sur le couronnement de la Reyne
(Marie de Médicis) (par P. Matthieu). *S. l. n. d.* (38 pp.) ; 15° Réponse
apologetique à l'Anticoton et à ceux de sa suite... où il est montré que les
auteurs anonymes de ces libelles diffamatoires sont atteints des crimes
d'hérésie. etc. *S. l.,* 1611 (titre manuscrit; 320 pp. et 4 ff.).

**413. Recueil de pièces pour servir à l'histoire politique et
religieuse du commencement du règne de Louis XIII. En
1 vol. in-12, v. br.**

  1° Utile et salutaire advis au Roy pour bien régner (titre de départ)
[par A. Arnauld]. *S. l. n. d.* (1612; 64 pp. et 2 ff.) ; 2° Anatomie des trois
ordres de la France sur le sujet des Estats. *S. l.,* 1615 (64 pp.) ; 3° Discours de l'authorité et puissance royale, contre l'advis n'aguère imprimé
au préjudice d'icelle, et du repos de cest Estat. *S. l.,* 1615 (16 pp.);
4° Franc et libre discours ou Advis aux députez des trois Estats pour la
réformation d'iceux. *S. l. n. d.* (32 pp., vers et prose); 5° Lettre sur un
recueil du manifeste des prophéties tirées des œuvres d'un personnage
doué de don particulier de Dieu, pour publier les choses prédites obscuré-

ment ès-prophéties... monstrant que... l'estat du monde sera réduict universellement à l'Eglise... *S. l.*, 1615 (36 pp. et 2 ff.); 6° Remercîment de la France à MM. les députez des trois Estats sur la closture et conclusion d'iceux. *Paris*, 1615 (15 pp.); 7° Articles présentez au Roy par les députez de la Chambre du tiers Etat de France, avec les responses de Sa Majesté accordez sur iceux... *Paris*, 1615 (32 pp.); 8° Les Sept Derniers Articles accordez par le Roy et son conseil, à MM. les députez des trois Estats. *Paris*, 1615 (16 pp.); 9° Homélie des trois simonies, ecclésiastique, militaire et judicielle... par Jean-Pierre Camus, évesque de Belley. *Paris*, 1615 (62 pp.); 10° Homélie des trois fléaux des trois estats de France (par le même). *Paris*, 1615 (56 pp. et 2 ff.); 11° Homélie des désordres des trois ordres de cette monarchie (par le même). *Paris*, 1615 (86 pp. et 1 fol.); 12° Le Cayer général des remonstrances que l'université de Paris a dressé pour présenter au Roy... en l'Assemblée générale de trois ordres de son royaume... *S. l.*, 1615 (38 pp.); 13° Response aux objections qui se font pour empescher la réception du concile de Trente... *Paris*, 1615 (10 ff. et 72 pp.); 14° Discours sur la réception du concile de Trente en France. *S. l.*, 1615 (32 pp.); 15° Le Décret du concile de Constance contre les attentats sur la sacrée personne des Rois. *S. l. n. d.*, (8 pp.); 16° Recueil des manifestes et articles accordez par le sérénissime duc de Savoye, pour la résolution de la paix, ensemble les lettres contenans les desseins qu'ont les Espagnols contre ceste sérénissime maison et son Estat. Traduit d'italien et espagnol en françois, par noble Estienne du Molar, gentilhomme savoysien. *Chambéry*, 1615 (94 pp.); 17° Le Financier à Messieurs des Estats. *S. l.*, 1615 (180 pp.); 18° Des Estats généraux de France... *S. l.*, 1615 (70 pp.); 19° Le Caton et Diogène françois. *S. l.*, 1615 (63 pp.).

La pièce n° 16 est importante pour l'histoire. Plusieurs de ces pièces sont fortement rognées et piquées de vers.

414. Recueil de pièces historiques (règne de Henri IV et de Louis XIII). En 1 vol. pet. in-8, v. br.

1° Discours historique touchant l'Estat général des Gaules et principalement des provinces de Dauphiné et Provence, tant sous la République et Empire romain, qu'en après sous les François et Bourguignons. Ensemble quelques recherches particulières de certaines villes y estant. Par feu M. Aymar du Périer, seigneur de Chameloc, etc. *A Lyon, par Barthélemy Ancelin*, 1610, portr. et grav.; 2° Abbrégé de la vie de Henry-Auguste, quatriesme du nom, très-victorieux et invincible roy de France et de Navarre. *A Paris, de l'impr. de Robert Estiene*, 1609 (8 pp. et 1 ff.); 3° Le Clair-Voyant de Fontainebleau. *S. l.*, 1623 (28 pp. et 2 ff.); 4° Le Triomphe de la France contre les antropophages de ce temps, ennemis de l'Estat. *S. l.*, 1623 (62 pp.); 5° Les Estats tenus à la Grenouillière les 15, 16, 17 et 18 du présent mois de juin 1623, avec la résolution et closture desdits Estats. *S. l.*, 1623 (32 pp.); 6° L'Arion (poème dédié à monseigneur le duc de Montmorency). *S. l.*, 1623 (16 pp.); 7° Pasquil satyrique du duc de*** (Rohan) sur les affaires de France. *S. l.*, 1623 (29 pp.); 8° Discours sur les triomphes de la feste de Saint-Louys en l'honneur du roy. Ensemble les particularitez des feux artificiels, décrites selon la disposition des sieurs Bagot, Jumeau et Morel, auteurs desdits artifices. *A Paris, chez Pierre Ramier*, 1613 (10 pp.).

Le premier ouvrage, peu commun et estimé, est terminé par une pièce de vers adressée au futur connétable de Lesdiguières sur sa victoire de Pontcharra.

Exemplaire aux premières armes du Duc de Richelieu, pair et maréchal de France.

415. RECUEIL DE PIÈCES relatives à l'édit de Louis XIV au sujet de la succession au trône des princes légitimés;

au différond entre les pairs de France et la noblesse et la
haute magistrature, etc. En 1 vol. in-8, v. br.

1º Mémoire abrégé pour les princes du sang (par N. Begon). *S. l. n. d.*
(1716) (47 pp.). — 2º Mémoire de Monsieur le duc du Maine. *S. l.*, 1716
(30 pp.). — 3º Requête de la noblesse contre les fausses prétentions de
messieurs les ducs et pairs [par Le Gendre]. *S. l.*, 1716 (44 pp.). — 4º Mémoire des Présidents à mortier du Parlement de Paris contre les
ducs et pairs. *S. titre, l. ni d.* (v. 1716) (28 pp.). — 5º Réflexions politiques et historiques sur l'affaire des princes (titre de départ). *S. l. n. d.*
(56 pp.). — 6º Dissertations sur la noblesse d'extraction et sur l'origine
des fiefs (par le comte J. d'Estaing). *Paris*, 1690 (96 pp.). — 7º La Conduite des Alliez et du dernier ministère, en commençant et en continuant
la guerre. Traduit d'un imprimé anglois... *Liège*, 1712 (2 ff. et 70 pp.). —
8º Réponse de Monseigneur l'evesque de Meaux [Bossuet] à quatre
lettres de Mgr l'archevêque duc de Cambray. *Paris*, 1698 (100 pp.). —
9º Liste des Cardinaus vivans le 19 mars 1721, jour de la mort du pape
Clément XI. *Paris*, 1721 (79 pp. et 1 grav.). — 10º L'Écrivain sans fard,
ou Première lettre d'un Hollandois catholique à un de ses amis de Leeu-
waerde de la même religion sur les matières du temps et particulièrement
sur les contestations des ecclésiastiques du pays conquis. *S. l.*, 1710 (daté
de Lille 20 février 1710; 14 pp.).

Ce recueil est fort important, la plupart des pièces qui le composent
étant difficiles à trouver.

Le *Mémoire*, décrit au nº 4, est rarissime. C'est un violent pamphlet
contre la haute noblesse; on y assigne une origine peu illustre à un grand
nombre des premières maisons de France, telles que: Crussol, La Tri-
mouille, Béthune, Luynes, Cossé-Brissac, La Rochefoucauld, Grammont,
Noailles, Harcourt, etc.

La *Liste des Cardinaus* (nº 9), contenant de curieux renseignements bio-
graphiques, est imprimée selon l'orthographe réformée par l'auteur et
conforme à la prononciation.

Exemplaire aux armes de Daniel-Franç. de Gélas de Voisins d'Ambre,
dit le Comte de Lautrec, maréchal de France.

F. Histoire des Provinces.

416. Les Beautés de la France, par N. de Fer. *A Paris, chez
le sieur Danet*, 1724. In-fol. obl., figures, v. marbré.

Recueil très rare, contenant 101 planches gravées, représentant des vues
de Paris (8 cartes) et nombre de ses monuments, ainsi que les Palais de
Versailles et de Trianon, Marly, Chantilly, le mont Saint-Michel, etc.

417. Les Antiquitez, croniques et singularitez de Paris, ville
capitalle du royaume de France, avec les fondations et
bastiments des lieux : les sépulchres et épitaphes des
princes, princesses et autres personnes illustres, par Gilles
Corrozet, Parisien. *A Paris, par Galiot Corrozet (imprimé
par Nic. Bonfons)*, 1586. — Le Thrésor des histoires de
France, réduites par titres, partie en forme d'annotations,
et partie par lieux communs, par feu Gilles Corrozet. *A
Paris, chez Galiot Corrozet*, 1583. En 1 vol. in-8, v. marbré.

Le *Thrésor* est en édition originale.

418. ALMANACH DE VERSAILLES, année 1788. *A Versailles, chez Blaizot.* In-8, mar. rouge, fil. tr. dor. (*Anc. rel.*)

Exemplaire aux armes de MADAME ADELAIDE DE FRANCE, fille de Louis XV.

419. Almanach de Versailles, année 1789, contenant la description du château, du parc, des jardins et de la ville, etc. *Versailles et Paris.* In-8, mar. rouge, fil. tr. dor. (*Anc. rel.*)

420. LE TRÉSOR DES MERVEILLES de la maison royale de Fontainebleau, contenant la description de son antiquité, de sa fondation, de ses bastimens, de ses rares peintures, tableaux, emblèmes et devises de ses jardins, fontaines, etc., par le R. P. F. Pierre Dan. *A Paris, chez Séb. Cramoisy,* 1642. In-fol., figures grav. par M. Lasne, dérelié.

Fort rare et précieux.

421. Beauvais, ou Mémoires des pays, villes, evesché, evesques, comté, pairrie, commune et personnes de renom de Beauvais et Beauvaisis, par M. Antoine l'Oisel, avocat au Parlement. *A Paris, chez Samuel Thiboust,* 1617. In-4, vélin.

422. MÉMOIRES DES COMTES DU MAINE, par Pierre Trouillart, sieur de Mont ferré, advocat au Mans. *Au Mans, par Hierôme Olivier,* 1643. Pet. in-8, vélin.

Très rare.

423. DE ANTIQUO STATU BURGUNDIÆ, per Gulielmum Paradinum. *Lugduni, apud Stephanum Doletum,* 1542. In-4, v. f. compart. argentés, tr. dor. (*Anc. rel.*)

Première édition fort rare.
Bel exemplaire, réglé.

424. Histoire des roys, ducs et comtes de Bourgongne et d'Arles, extraicte de diverses chartes et chroniques anciennes, et divisée en IIII livres, par André Du Chesne, Tourangeau. *A Paris, en la boutique de Nivelle, chez Séb. Cramoisy,* 1619. In-4, vélin.

425. HISTOIRE GÉNÉALOGIQUE DES DUCS DE BOURGOGNE de la maison de France, à laquelle sont adiovstez les seigneurs de Montagu, de Sombernon et de Conches issus des mesmes

ducs, et plusieurs autres princes et princesses du sang
royal, incognus iusques à present ; le tout justifié par tiltres, histoires et autres bonnes preuves, par André Du
Chesne, Tovrangeav, géographe du roy. *A Paris, chez
Séb. Cramoisy,* 1628. 2 parties en 1 vol. in-4, blasons,
vél. bl.

426. **LES MAZURES** de l'Abbaye royale de l'Isle Barbe-
lez-Lyon, ou recueil historique de tout ce qui s'est fait de
plus mémorable en cette église depuis sa fondation jusques à présent avec le catalogue de tous ses abbez, tant
réguliers que séculiers, et où se voyent les généalogies
et preuves de noblesse de ceux qui ont esté receus dans
cette abbaye, et qui sont sortis des plus illustres maisons
des provinces de Lyonnois, Forez, Beaujollois, Bourgogne, Dauphiné, Provence et autres, par Claude Le Laboureur, ancien prévost de ladite abbaye. *A Paris, chez
Jean Couterot,* 1681. 2 vol. in-4, v. br.

> Ouvrage précieux et fort rare.
> Le titre du tome Ier est défectueux; le premier volume est un peu plus
> court que le second, et la reliure n'est pas identique.

427. Histoire générale de Languedoc, avec des notes et les
pièces justificatives, composée sur les auteurs et les titres
originaux, et enrichie de divers monumens par deux religieux bénédictins de la congrégation de Saint-Maur (par
Fr. Claude de Vic et Fr. Joseph Vaissette). *A Paris, chez
Jacq. Vincent,* 1730-1742. 4 vol. in-fol., v. gran.

428. Histoire des comtes de Tolose, par M. Guillaume Catel,
conseiller du roy en sa cour de Parlement de Tolose, auec
quelques traitez et chroniques anciennes, concernans la
mesme histoire. *A Tolose, par Pierre Bosc,* 1623. In-fol.,
v. fauve, fil.

> Piqûres de vers.

429. Discours historial de l'antique et illustre cité de Nismes
en la Gaule Narbonoise, auec les portraitz des plus antiques et insignes bastimens dudit lieu reduitz à leur vraye
mesure et proportion, ensemble de l'antique et moderne
ville, par Jean Poldo d'Albenas. *A Lyon, par Guillaume
Rouille,* 1560. In-fol., titre avec encadrement gravé et
figures, v. gran. fil.

> Rare et curieux pour l'histoire monumentale.

430. L'Histoire et Chronique de Provence de Cæsar de Nostradamus, gentilhomme provençal, où passent de temps en temps et en bel ordre les anciens poëtes, personnages et familles illustres qui ont fleuri despuis VC ans, oultre plusieurs races de France, d'Italie, Hespagne, Languedoc, Dauphiné et Piémont, y rencontrées auec celles qui despuis se sont diversement annoblies, comme aussi les plus signallés combats et remarquables faicts d'armes qui s'y sont passez de temps en temps iusques à la paix de Vervins. *Imprimé à Lyon, chez Simon Rigaud pour la société Caldoriene,* 1614. In-fol., titre gravé, bas.

Aux armes de Pierre de Villars, archevêque et comté de Vienne.

431. Histoire de l'incomparable administration de Romieu, grand ministre d'Estat en Provence lorsquelle estoit en souveraineté... par le s^r Michel Baudier du Languedoc. *A Paris, chez Jean Camuzat,* 1635. In-12, v. marbré.

« Exemplaire de la bibliothèque du comte de Vence qui a mis en tête un discours (12 pages manuscrites) et sur les marges plusieurs notes pour démentir cette histoire, qu'il a traitée de roman. » (Note manuscrite.)

432. Discours des guerres de la comté de Venayscin et de la Provvence : ensemble quelques incidentz, par le seigneur Loys de Pervssiis, escuyer de Coumons. *Imprimé en Auignon par Pierre Roux,* 1563. Pet. in-4, vélin.

Première édition, rare. Ex. court de marges.

433. Le Principe et progrez de la guerre civile opposée aux gouverneurs de la Provence, cy-dessous nommez : le comte de Grignan, le comte de Tende, le comte de Sommerive, le vicomte de Tavanes, le mareschal de Raiz, le comte de Suze, le grand prieur de France, le cardinal d'Armaignac, le duc d'Espernon et l'admiral de la Valette. Le tout fidellement recueilly et disposé par Honorat Meynier, Provençal. *A Paris, chez la v^{ve} Guillemot,* 1617. In-8, vélin.

434. Marseille aux pieds du Roy par le sieur Mascaron. *En Avignon, chez J. Piot,* 1632. In-4, gravé d'après Nic. Mignard, vélin.

Rare. Mouillures.

435. Histoire de l'exécution de Cabrières et de Mérindol et d'autres lieux de Provence, particulièrement déduite dans le plaidoyé qu'en fit l'an 1551, par le commandeme du Roy Henry II et comme son advocat général en cette cause, Jacques Aubery, lieutenant civil au Chastelet de Paris et depuis ambassadeur extraordinaire en Angleterre pour traiter de la paix l'an 1555. Ensemble une relation particulière de ce qui se passa aux cinquante audiences de la cause de Mérindol. *A Paris, chez Seb. et Gabr. Cramoisy,* 1645. In-4, vélin.

La dédicace de cet ouvrage recherché et fort rare, est adressée à messire Omer Talon, avocat général au Parlement de Paris ; elle est signée : *Louis Aubery du Maurier.*

436. Mémoire pour le procureur général au Parlement de Provence, servant à établir la souveraineté du Roi sur la ville d'Avignon et le comté Venaissin (par J.-P.-F. de Ripert de Monclar et l'abbé Pithon-Curt). *S. l.,* 1769. 2 vol. in-8, mar. rouge, fil. tr. dor. (*Rel. anc.*)

437. Histoire générale de Dauphiné, par Nicolas Chorier. *A Grenoble, chez Philippes Charuys,* 1661. In-fol., vignette gravée sur le titre, v. brun.

Ouvrage recherché.

438. Histoire de l'antiquité et saincteté de la cité de Vienne en la Gaule Celtique, par messire Jean Le Lièvre, bachelier en théologie, chanoine, sacristain et abbé de St-Ferréol en la grande église dudit Vienne. *A Vienne, par Jean Poyet,* 1623. In-8, bas. fil. tr. dor.

Rare.

439. La Première et Seconde Savoisienné : où se voit comme les ducs de Savoie ont usurpé plusieurs Estats apartenans aux rois de France : comme les rois de France en ont eu plusieurs pour cruels ennemis... plus une description sommaire de tous les princes de cette maison jusques à l'an 1630. *A Grenoble, par P. Marnioles,* 1630. In-8, vélin.

« Antoine Arnauld, avocat au Parlement, est l'auteur de cet écrit ; il dit au commencement qu'il était fort âgé ; en effet en 1604 il avait 85 ans puisqu'il est mort en 1619, âgé de 103. » (N. mss.) Or, d'après les biographes, il serait mort âgé seulement de 59 ans.

Il n'y a que la *Première Savoisienne,* imprimée d'abord en 1600, qui fut attribuée à Arnauld ; la seconde est de Bernard de Rechignevoisin.

Livre fort rare.

6. *Histoire étrangère.*

440. Histoire de l'Empire de Constantinople sous les empereurs francois divisée en deux parties dont la première.... écrite par G. de Villehardouin.... (publ. par C. Du Fresne Du Cange). *A Paris, de l'Imprimerie royale,* 1657. In-fol., v. gran.

> Magnifique édition.

441. Introduction à l'histoire des maisons souveraines de l'Europe avec un grand nombre de tables généalogiques gravées et imprimées par le Père Buffier, de la Compagnie de Jésus. *A Paris chez Ant. Urb. Coustelier,* 1717. 2 vol. in-12, v. fauve, fil. (*Armoiries royales sur les plats.*)

442. APOLOGIE ou deffense de très illustre prince Guillaume par la grâce de Dieu prince d'Orange..... contre le ban et edict publié par le roi d'Espaigne.... 1581. (*A la fin:*) *A Leyden par Ch. Silvius imprimeur.* In-4, v. marb. fil. tr. dor.

> Rédigée par P. Loyseleur, dit de Villiers, secrétaire du prince, et revue par Hubert Languet. Fort rare.
> Exemplaire de Colbert aux armes du comte d'Hoym.

443. Le Tableau du très haut, très illustre et très victorieux Frédéric Henry, par la grâce de Dieu, prince d'Orange, comte de Nassau et gouverneur et capitaine général des provinces unies des Pais Bas, dédié au prince Guillaume, fils de Son Altesse, par Gilles Gaillard, escuyer d'Aix en Provence, habitant à Orange. *A Genève, de l'imp. de Pierre Chouet,* 1641. In-4, vél.

444. La Historia di Italia di M. Francesco Guicciardini, gentilhuomo Fiorentino. *In Fiorenza, appresso Lorenzo Torrentino, impressor ducale,* 1561. In-fol., car. rom., mar. rouge, fil. tr. dor. (*Anc. rel.*)

> Première et fort belle édition, contenant des passages supprimés dans les suivantes.
> Bel exemplaire en *grand papier.*

445. DE VITA, MORIBUS et rebus gestis omnium Ducum Venetorum..... historia; auctoribus Petro Marcello, Sylvestro Gorello et H. Kellnero. (A la fin:) *Francofurti ad M.,* 1574. Pet. in-8, vél.

> Cette histoire des doges de Venise est ornée de 83 portraits habilemen exécutés sur bois d'après Jost Amman, ainsi que de la représentation de

plusieurs tombeaux des doges. Livre fort rare, décrit dans le *Supplément au Manuel* d'après l'exemplaire de M. Didot.

446. Discorsi di Monsignore Don Vincenzio Borghini. (De l'Origine di Fiorenza, di Fiesole, della Toscana etc.) *In Fiorenza, nella stamp. di F. et J. Giunti e fratelli,* 1584-85. 2 vol. in-4, fig. sur bois, mar. rouge, fil. tr. dor. *(Rel. anc. avec armoiries sur les plats.)*

> La troisième partie : *Della Chiesa et vescovi Fiorentini,* se trouve à la suite du tome II dans cet exemplaire.
> Bel exemplaire d'un ouvrage rare et recherché.

447. Apparato et Feste nelle Noze dello ill. signor Duca di Firenze, et della Duchessa sua consorte, con le sue Stanze, Madriali, Comedia et Intermedii, in quelle recitati. 1539. (A la fin :) *Impressa in Fiorenza per Benedetto Giunta,* 1539. Pet. in-8, 171 pages chiffr., car. italiq., parch.

> Relation fort rare des fêtes qui eurent lieu à l'occasion du mariage de Cosme Ier de Médicis avec Eléonore de Tolède.
> Ce volume renferme : *Il Commodo,* comédie en 5 actes, par Ant. Landi.

448. Tutti i trionfi, carri, mascherate o canti carnascialeschi andati per Firenze dal tempo del magnifico Lorenzo de Medici sino anno 1559, in questa seconda edizione corretti, con diversi mss. collazionati, delle loro varie lezioni arrichiti, notabilmente accresciuti. *In Cosmopoli,* 1750. 2 vol. in-8, titre gravé et portr., v. fauve. *(Anc. rel.)*

449. Le Tableau de la Suisse et autres alliez de la France és hautes Allemagne. Auquel sont descrites les singularités des Alpes, et rapportées les diverses alliances des Suisses : particulièrement celles qu'ils ont avec la France par Marc Lescarbot. *A Paris, chez Adrian Périer,* 1618. In-4, de 79 pp., avec carte, v. f. fil.

> Très curieux volume, en vers et en prose.
> Exemplaire réglé. Piq. de vers.

450. Le Mercure suisse (par Frédéric Spanheim). *A Genève, par Pierre Albert,* 1634. In-8, carte, vél.

> Ouvrage fort rare et important pour l'histoire de la Suisse. Première édition. Il en a été publié la même année une contrefaçon à Paris, chez Martin.

451. ACTE DE LA MISE EN POSSESSION et investiture de la souveraineté de NEUFCHATEL et de VALENGIN; ajugée à son Altesse sérénissime Madame la duchesse de

Nemours par les États de Neuchâtel le huitième de mars, 1694. *S. l. n. d.* In-4, v. br.

Environ 20 pièces rarissimes relatives à la souveraineté de Neuchâtel et à la contestation qui eut lieu à cet égard entre la duchesse de Nemours et le prince de Conti.

Exemplaire aux armes de Jacq. François-Léonor DE GOYON DE MATIGNON, duc de VALENTINOIS, avec sa signature à la première page.

452. Fvndacion, excelencias, grandezas, y cosas memorables de la antiquissima ciudad de Huesca, assi en lo temporal, como en lo espiritual diuididas en cinco libros... recopiladas por Francisco Diego de Aynsay de Yriarte, hijo y ciudadano de dicha ciudad. *En Huesca, par Pedro Cabarte, año* 1619. Pet. in-fol. à 2 col., v. gran.

453. Libri IV DE ANTIQUITATIBUS LUSITANIÆ, a L. A. Resendio olim inchoati et a Jac. Menœtio de Vasconcello recogniti atque absoluti; acced. liber quintus de antiquitate municipii eborensis ab eodem Vasconcello. *Eboræ, Mart. Burgensis,* 1593. Pet. in-fol. car. ronds, v. br.

Ouvrage rare et important.

454. Genealogia regum Lusitaniæ. Serenissimo Principi Theodosio, principi Lusitaniæ, etc, per Antonium de Sousa de Macedo. *Londini, ex off. Rich. Hearn,* 1643. In-4, vél.

455. HISTOIRE DE PORTUGAL contenant les entreprises, navigations et gestes mémorables des Portugallois, tant en la conqueste des Indes Orientales par eux descouvertes, qu'es guerres d'Afrique et autres exploits, depuis l'an mil quatre cens nonante six, sous Emmanuel Ier, Jean III et Sébastian Ier du nom, comprinse en vingt livres, dont les douze premiers sont traduits du latin de Jérosme Osorius et de Lopez de Castagnède et d'autres historiens nouvellement mise en françois par S. G. S. (Simon Goulart Senlisien). *A Paris chez Abel L'Angelier,* 1587, fort vol. in-8, vél.

456. Histoire du détrônement d'Alfonse VI roi de Portugal contenue dans les Lettres de M. Robert Southwel, alors ambassadeur à la cour de Lisbonne, et précédée d'un abrégé de l'histoire de ce royaume, traduite de l'anglois (par M. P. F. Guyot-Desfontaines). *A Paris, chez David fils,* 1742, 2 tom. en 1 vol. in-12, v. f.

Exemplaire aux armes de Louis COLBERT, marquis DE LINIÈRES, maréchal de camp, avec ses initiales, 4 C entrelacés, frappés sur le dos de la reliure.

457. Lettres sur l'esprit de patriotisme, sur l'idée d'un roy patriote et sur l'état des partis, qui divisoient l'Angleterre lors de l'avènement de Georges Ier, ouvrage traduit de l'anglois (de Bolingbroke, par de Bissy). *A Londres*, 1750. In-8, mar. r. fil. tr. dor. (*Anc. rel.*)

458. EIKON BASILIKÈ, ou le Pourtraict du Roy de la Grand Bretagne [Charles Ier], fait de sa propre main, durant sa solitude et ses souffrances..... *A Paris, chez Louys Vendosme,* 1649. In-12, front. et portr. gr., v. marb. fil. (*Anc. rel.*)

> Traduction fort rare de l'ouvrage célèbre publié en 1648 en anglais. Elle a été donnée par un sieur Porrée, dont le nom se lit au bas de l'épître dédicatoire à Charles II.
> « L'*Icon Basiliki* est attribué au roi Charles Ier. Ce livre (selon Burnet), du docteur Gauden, mais que le roi avait lu et approuvé, est plein de sentimens de religion et de bonté ; il produisit autant d'effet sur les Anglais que le Testament de César sur les Romains, etc ». (N. mss.)
> D'après des documents récemment retrouvés en Angleterre, il est maintenant prouvé que ce livre est bien l'œuvre de l'infortuné monarque anglais.

458 *bis*. EIKONOKLASTÈS. Réponse au livre intitulé : *Eikon basilikè* ou le portrait de sa sacrée majesté durant sa solitude et ses souffrances par le sieur Jean Milton, traduite de l'anglois sur la seconde et plus ample édition, et revue par l'auteur à laquelle sont ajoutées diverses pièces mentionnées en ladite réponse, pour la plus grande commodité du lecteur. *A Londres, par Guill. du Gard,* 1652. In-12, vélin.

> Attaque dirigée par le grand poète anglais, au point de vue des idées démocratiques, contre le livre royal ci-dessus.

459. RERUM MOSCOVITICARUM Auctores varii : unum in corpus nunc primum congesti. *Francofurti, apud hæredes Andreæ Wecheli,* 1600. In-fol., mar. rouge, fil. tr. dor.

> « Recueil recherché et peu commun », dit Brunet.
> Chiffre de PEIRESC sur les plats de la reliure. Piq. dans les marges du fond.

460. ITER IN MOSCHOVIAM Augustini liberi, baronis de Mayerberg, et Horatii Guliel. Calvuccii ab imper. Leopoldo ad tzarem Alexium Mihalowicz, anno 1661, ablegatorum... *S. l. n. d.* In-fol., v. fauve, fil.

> Bel exemplaire d'un livre fort rare, aux armes de D. HUET, évêque d'Avranche, avec son ex-libris collé intérieurement.

461. ANNALES Stanislai Orichovii Okszii. Adiunximus vi-
tam Petri Kmitæ. *Dobromili, in officina Joannis Szeligæ,*
1611. In-8, v. marb.

> Premier livre imprimé à Dobromil, petite ville de l'ancienne Pologne
> (Galicie). Déjà au siècle dernier, Vogt, dans son *Catalogus,* en constatait
> l'importance et l'extrême rareté (*Liber insignis et magna prudentia scrip-*
> *tus, sed rarissimo inventu*). L'auteur, Stan. Orzechowski était un des plus
> grands orateurs polonais du XVI⁰ s.

462. RELATION DU VOYAGE de la Royne de Pologne [Marie de
Gonzague] et du retour de Madame la mareschalle de Guebriant, ambassadrice extraordinaire, et surintendante de
sa conduite, par la Hongrie, l'Austriche, Styrie, Carin-
thie, le Frioul et l'Italie, avec un discours historique de
toutes les villes et estats, par où elle a passé..... par Jean
Le Laboureur, S. de Blesanval. *A Paris, chez la veuve J.*
Camusat et P. Le Petit, 1647. In-4, tabl. généal., vél.

> Livre fort intéressant et très circonstancié sur les fêtes données à la
> reine de Pologne.

463. Essai sur le rétablissement de l'ancienne forme du
gouvernement de Pologne, suivant la constitution primi-
tive de la République par M. le comte Wielhorski, traduit
du polonois. *Londres,* 1775. In-8, mar. rouge, dos orné,
dent. sur les plats, tr. rouges. (*Anc. rel.*)

464. DE VITA MORIBUS AC REBUS præcipue adversus Turcas,
gestis Georgii Castrioti, clarissimi Epirotarum principis,
qui propter celeberrima facinora, Scanderbergus, hoc est,
Alexander magnus, cognominatus suit, libri tredecim,
per Marinum Barletium Scodrensem conscripti ac nunc
primum in Germania castigatissime æditi. *Argento-*
rati, apud Cratonem Mylium mense octobri anno 1537.
In-fol., 371 pp. car. ronds, vél.

> Deuxième édition de cet ouvrage intéressant et rare.

465. HISTOIRE du grand empereur Tamerlanes, où sont
descrits rencontres, escarmouches, batailles, sièges, as-
sauts, prinses de villes et places fortes deffendues et assail-
lies avec plusieurs stratagèmes de guerre, que ce grand et
renommé guerrier a conduites et mises a fin durant son
règne..... tiré des monuments antiques des Arabes par
messire Jean du Bec, abbé de Mortemer à Henry IIII très-
chrestien et très-victorieux, roy de France et de Navarre.
A Rouen, chez Richard l'Allemant tenant sa boutique au

portail des libraires, 1595. Pet. in-8, mar. r. dos et angles
des plats fleurdelisés, dent. à comp.

> Première édition, extrêmement rare. Exemplaire aux armes DE CONDÉ.
> Court de marges.

466. RELATION de l'origine et succez des cherifs, et de l'estat
des royaumes de Marroc, Fez et Tarudant, et autres provinces qu'ils usurpèrent faicte et escrite en espagnol par
Diego de Torrés, naturel Castillan de la ville d'Amusco en
Campos, mise en françois par M. C. D. V. D. D A. (CHAR-
LES DE VALOIS, DUC d'ANGOULÊME). *A Paris, chez Jean Camusat*, 1636. In-4, v. f.

> Rare. Exemplaire aux armes de DE THOU accolé de La Chastre, sa se-
> conde femme.

467. DISSERTATION SUR L'AMÉRIQUE et les Américains contre
les Recherches philosophiques de M. de P. [Pauw] par
Dom Pernety, abbé de l'abbaye de Bürgel. *A Berlin, s. d.*
(v. 1770). In-12, v.

> Rare. Exemplaire aux armes du duc et prince D'ARENBERG, grand biblio-
> phile, mort en 1820.

7. *Chevalerie.* — *Histoire nobiliaire.*

468. TRAITÉ DES TOURNOIS, joustes, carrousels et autres spec-
tacles publics (par Claude-François Menestrier, de la
Compagnie de Jésus). *A Lyon, chez Jacq. Muguet*, 1669.
In-4, fig. v. gran.

> Première édition.

469. Mémoires ou Extraits des titres qui servent à l'Histoire
de l'ordre des chevaliers de Notre-Dame du Mont-Carmel,
et de S. Lazare de Jérusalem, depuis l'an 1100 jusques à
1673, avec les règles et privilège dudit ordre, par le R. P.
Toussaint de S. Luc, religieux carme. *A Paris, chez Séb.
Cramoisy*, 1681. In-8, v. brun.

470. Mémoire ou Recueil des bulles, édits, déclarations, et
arrests, contenants l'institution, les règles et les privilèges de l'ordre des chevaliers de Notre-Dame du Mont-Carmel et son union a celuy de S. Lazare de Jérusalem, par le

R. P. Toussainct de S. Luc. *A Paris, chez Gilles Paulus du Mesnil,* 1693. In-8, v. gran.

471. La Forme de donner l'habit aux chevaliers religieux de l'ordre de Sainct Jean de Jérusalem. Réimprimé par ordre et par les soins de frère Eustache de Bernart d'Avernes, chevalier, commandeur d'Abbeville, etc. *A Paris, de l'impr. de la veuve d'Houry,* 1729. In-4, de 54 pp., v. gran.

472. Liste de Messieurs les chevaliers chapelains conventuels, et servants d'armes des trois vénérables langues de Provence, Auvergne et France. *A Malte,* 1788. In-12, mar. rouge, dos fleurdelisé, fil. tr. dor. (*Anc. rel.*)

473. MÉMOIRES HISTORIQUES concernant l'ordre royal et militaire de Saint-Louis et l'institution du Mérite militaire (par M. Meslin). *A Paris, de l'Impr. royale,* 1785. In-4, mar. rouge, large dent. sur les plats, tr. dor. (*Anc. rel.*)

Exemplaire en GRAND PAPIER.

474. TRAITÉ DES NOBLES et des vertus dont ils sont formés : leur charge, vocation, rang et degré, des marques, généalogies et diverses especes d'iceus. De l'origine des fiefs et des armoiries, avec une histoire et description généalogique de la très illustre et très ancienne maison de Couci, et de ses alliances; le tout distribué en quatre livres par Francois de l'Alouëte, bailli de la comté de Vertu. *A Paris, chez Guillaume de la Nouë,* 1577. In-4, vélin.

475. TRAITÉ DE LA NOBLESSE et de toutes ses différentes espèces; nouvelle édition, augmentée des traités du blason, des armoiries de France : de l'origine des noms, surnoms et du ban et arrière-ban, par M. Delaroque. *A Rouen, chez Pierre le Boucher et Jore,* 1734. In-4, v. br.

Édition la plus complète.

476. Jeu d'armoiries de l'Europe, pour apprendre le blason, la géographie et l'histoire curieuse, par C. F. de Brianville Mont-Dauphin. *A Lyon, chez Benoist Coral,* 1659. Pet. in-12, v. br.

477. HISTOIRE GÉNÉALOGIQUE et chronologique de la maison royale de France, des pairs, grands officiers de la couronne et de la maison du roy, et des anciens barons du

royaume : avec les qualitez, l'origine, le progrès et les armes de leurs familles ; ensemble les statuts et le catalogue des chevaliers, commandeurs et officiers de l'ordre du Saint-Esprit ; le tout dressé sur titres originaux... par le P. Anselme, augustin déchaussé, continué par M. Du Fourny, revue, corrigée et augmentée par les soins du P. Ange et du Père Simplicien. *A Paris, par la compagnie des libraires,* 1726-1733. 9 vol. gr. in-fol., nombr. figures de blasons, v. brun.

Dernière édition originale.

478. Dictionnaire des ennoblissements, ou Recueil des lettres de noblesse, depuis leur origine, tiré des registres de la Chambre des comptes et de la Cour des Aides de Paris. *A Paris, au Palais Marchand,* 1788. 2 tomes en 1 vol. in-8, demi-rel.

479. Histoire généalogique de la maison des Chasteigners, seigneurs de la Chasteigneraye, de la Rochepozay, de Saint-Georges de Rexe, de Lindoys, de la Rochefaton et autres lieux, justifiée par chartes de diverses églises, arrests de la cour de parlement, tiltres domestiques et autres bonnes preuves, par André du Chesne, géographe du roy. *A Paris, chez Séb. Cramoisy,* 1634. In-fol., bas.

Rare. Cachet sur le titre.

480. ARMORIAL alphabétique des principales maisons et familles du royaume, particulièrement de celles de Paris et de l'Isle de France, contenant les armes des princes, seigneurs, grands officiers de la couronne et de la maison du roy, celles des cours souveraines, etc., avec l'explication de tous les blasons par M. Dubuisson. *Paris, Guérin et Delatour,* 1757. 2 vol. in-12, figures, v. marbré.

Rare et recherché ; il renferme près de 4,000 écussons gravés sur cuivre.

481. ACTE DE NOTORIÉTÉ, donné par douze gentilshommes de la province de Normandie, à MM. Le Marchant de Caligny, le 3 juin 1767. *A Paris, de l'imprimerie de Hérissant père,* 1768, in-8, vignettes de *Marillier,* mar. rouge, dos orné, dent. sur les plats, tr. dor.

Aux armes de la famille de Montboissier-Beaufort-Canillac. Rarissime.

482. Histoire de la principale noblesse de Provence, avec

les observations des erreurs qui y ont été faites par les
precedens historiens, tirée des chartes, etc. (par B. de
Maynier). *A Aix, chez Jos. David,* 1719. 2 part. en 1 vol.
in-4, v. marbré.

483. HISTOIRE heroïque et universelle de la noblesse de
Provence (par Artefeuil). *A Avignon, chez la veuve Girard,*
1757-59. 2 vol. in-4, planches, br.

> A la suite, on a joint un certain nombre de mauvaises feuilles tirées.

483 *bis.* SUPPLÉMENT à l'histoire héroïque et universelle de la
noblesse de Provence (par Honoré Coussin). *S. l. n. d.*
In-4, figures de blasons gravées, rapportées sur les marges en face du nom, v. marbré.

> Extrêmement rare.

484. COLLECTION des principaux titres de la maison de Ja-
rente en Provence, avec un discours historique et critique
où l'on traite quelques points des plus intéressants de
l'histoire du comté Venaissin, de ceux de Provence et de
Forcalquier et du royaume de Naples par rapport au droit
public. *A Paris, de l'imprimerie de la veuve Ballard,* 1768.
Gr. in-fol., v. gran. fil.

> Bel exemplaire sur GRAND PAPIER d'un ouvrage introuvable.

485. TRAITÉ GÉNÉALOGIQUE de la maison de Simiane,
divisé en deux parties, justifié par tiltres, chroniques,
autheurs anciens, manuscripts et autres preuves. *S. l. n.
d.* In-fol. de 72 pp., lettres ornées, v. marbré. (*Armoiries
sur les plats.*)

> De toute rareté. Corrections et nombreuses annotations manuscrites
> sur les marges.

486. HISTOIRE DE LA NOBLESSE du comté Venaissin,
d'Avignon et de la principauté d'Orange, dressée sur les
preuves (par Pithon-Curt). *A Paris, chez David et Delormel,*
1753-50. 4 vol. in-4, v. marbré.

> Ouvrage fort rare. Le tome IV porte le titre du tome III.

487. HISTOIRE GÉNÉALOGIQUE de la maison d'Auvergne, justifiée par chartes, titres et histoires anciennes et autres
preuves authentiques, enrichie de plusieurs sceaux et armoiries, et divisée en sept livres, par Christofle Justel. *A*

Paris, chez la veuve Mathurin Du Puy, 1645 . 2 part. en 1 vol.
in-fol., cartes et figures de blasons, bas.

Rare.

488. L'ITALIE FRANÇOISE, ou les Éloges généalogiques et historiques des princes, seigneurs et grands capitaines de
ce pays, affectionnez à la couronne de France, et des
François qui ont suiuy le party de nos princes de la maison d'Anjou et qui ont fait branche au royaume de Naples;
ensemble leurs armes gravées et blasonnées en taille-
douce, etc., par messire Jean-Baptiste l'Hermite (dit Tris-
tan), cheualier, seigneur de Soliers, etc. *A Paris, chez
J. Hénault et J.-Bapt. Coignard,* 1654. In-4, front. et fig.
de blasons, v. br.

Bel exemplaire.

8. Archéologie, Numismatique, Paléographie, etc.

489. FUNERALI ANTICHI di diuersi popoli et nationi, descritti
in dialogo da Thomaso Porcacchi, con le figure in rame di
Girol. Porro. *Venetia,* 1574. Gr. in-4, titre gravé et figures,
vélin.

Ouvrage recherché à cause des 24 gravures dont il est orné.

490. Discours des hiéroglyphes ægyptiens, emblèmes, devises et armoiries; ensemble LIII tableaux hieroglyphi-
ques pour exprimer toutes conceptions à la facon des
Ægyptiens, par figures et images des choses au lieu de
lettres, auecques plusieurs interpretations des songes et
prodiges; le tout par Pierre l'Anglois, escuyer, sieur de
Bel-Estat. *A Paris, pour Abel l'Angelier,* 1583. In-4, vélin.

Rare. Une déchirure au titre.

491. SYMBOLICA Ægyptiorum Sapientia, authore P. Nicolao
Caussino, e Societate Jesu. *Parisiis, sumptibus Joannis
Jost,* 1634. In-8, mar. olive, dent. tr. dor.

Exemplaire de prix, aux armes de LOUIS DE VALOIS, COMTE D'ALAIS.

492. DE L'IMPÔT DU VINGTIÈME sur les successions et de l'impôt sur les marchandises chez les Romains; recherches
historiques dediées à MM. de l'Académie royale des Ins-

criptions et Belles-lettres par M. Bouchaud. *A Paris,
chez de Bure,* 1772. In-8, mar. rouge, dos orné, fil. tr.
dor.

Exemplaire aux armes du chancelier MAUPEOU.

493. **BREF RECUEIL** des choses rares, notables, antiques,
citez, forteresses principales d'Italie, avec une infinité de
particularitez dignes d'estre sçeues ; le tout vu, descrit et
recueilly par Jean-Ant. Rigaud, escuyer de la ville de
Barjoux, en son voyage de l'an sainct 1600. *A Aix, par
Jean Tolosan,* 1601. In-8, vélin.

Ouvrage fort rare, non cité au *Manuel,* et très intéressant pour l'histoire de l'art et pour l'archéologie de l'Italie.

494. Lettre du R. P. Panel, de la Compagnie de Jésus, touchant le medailler de feu M. Le Bret, premier Président, etc., à mylord ***, à Londres. *Londres,* 1737. In-4
de 24 pp., v. gran. fil.

495. ECCLESIA PARISIENSIS vindicata adversus B. P. Bartholomæi Germon duas disceptationes de antiquis regum francorum diplomatibus (par Th. Ruinart). *Parisiis, Muguet,* 1706. In-12, tiré in-8, mar. rouge, fil. tr.
dor.

Exemplaire du chancelier DAGUESSEAU et à ses armes. On a relié à la
suite : Ant. Gatti Epistola ad vir. clar. Jac. Bernardum pro Vindiciis antiq.
diplomatum Justi Fontanini Forojuliensis. *Amst.,* 1707.

496. **POLYDORI** | **VERGILII** Urbinatis de Rerum | inuen-
toribus libri octo, per autorem summa | cura recogniti
et locupletati. Dices supremam manum impositam. |
Eme lector, non te pœnitebit impensæ. *Basileæ, etc.* (A la
fin :) *Basileæ, ex ædibus Joan. Frobenii, mense ivlio, anno*
M.D.XXV (1525). In-fol., 6 ff. n. ch. et 255 pp. ch., v.
brun, riches comp., tr. dor.

Belle édition en lettres rondes. Encadrement du titre et initiales gravés sur bois d'après H. HOLBEIN.
Superbe et précieux exemplaire de JEAN GROLIER, portant le titre
de l'ouvrage, ainsi que le nom et la devise du célèbre bibliophile sur les
plats de la reliure, dont la décoration est d'un beau style. Au surplus, les
marges du volume portent des annotations manuscrites de la main de Grolier. Il n'est pas cité dans l'ouvrage de Le Roux de Lincy.
La reliure est d'une belle conservation (sauf les coins et le dos en
partie), et n'a jamais été restaurée. Au xviie siècle, on a fait couvrir le
dos d'un semis de fleurs de lis. On en trouvera une reproduction qu'ac-
compagne un article de M. G. Pawlowski sur les deux Grolier de cette
colection, dans *Le Livre,* livraison du 10 mai dernier (Paris, Quantin).

497. Histoire générale des larrons, divisée en trois livres, par F. D. C. (François de Calvi), Lyonnois. *A Rouen, chez J.-Bapt. Besongne,* 1709. 3 parties en 1 vol. in-8, v. br.

9. *Biographie et Iconographie.*

498. Les Vies des hommes illustres grecs et romains, comparées l'une avec l'autre, par Plutarque, de Chæronée, translatées premièrement de grec en françois par maistre Jaques Amyot, lors abbé de Bellozane, et depuis, en ceste troisième édition, revues et corigées en infinis passages par le mesme translateur... *A Paris, par Vascosan, imprimeur du Roy,* 1567. 6 vol. in-8, reliés.

> Édition recherchée. (Voir aussi le n° 42, ci-devant, qu'on joint habituellement à celui-ci.)
>
> Cet exemplaire n'est pas de reliure uniforme : les trois premiers volumes sont en v. fauve, fil. tr. marb. et avec armoiries sur les plats ; les trois suivants sont en anc. mar. olive jans. tr. dor.
>
> Le tome VI contient : les Vies de Hannibal et Scipion l'Africain, traduites par de l'Écluse, partie qui manque souvent.

499. Joannis Fabri Bambergensis, medici Romani, in Imagines illustrium, ex Fulvii Vrsini Bibliotheca Antuerpiæ a Theodoro Gallæo expressas, commentarius. *Antuerpiæ, ex off. Plantiniana, apud Joannem Moretum,* 1606. In-4, mar. rouge, fil. tr. dor. (*Rel. anc.*)

> 168 portraits gravés en médaillon par Th. Galle.

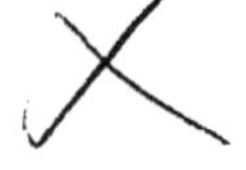

500. LES VRAIS POURTRAITS des hommes illustres en piété et doctrine de travail, desquels Dieu s'est servi en ces derniers temps, pour remettre sur la vraye Religion en divers pays de la chrestienté, avec les descriptions de leur vie et de leurs faits plus mémorables, plus quarante-quatre emblèmes chrestiens ; traduicts du latin de Theodore de Besze (par Simon Goulart). *S. l. (à Genève), par J. de Laon,* 1581. In-4, fig., vélin.

> Livre très recherché pour ses 103 gravures sur bois, parmi lesquelles les portraits des précurseurs et des principaux adeptes de la Réforme, et peut-être plus encore pour ses 44 emblèmes de la foi, exécutés avec beaucoup de finesse.

501. Vitæ trium Hetruriæ procerum Dantis, Petrarchæ, Boccacii ad Paschalem serenissimum Venetorum ducem, Pa-

pirii Massoni opera. *Parisiis, ex typ. Dionysii*, 1587. In-8,
116 ff. ch. — Vita Laurentii Medicis, Papirii Massoni
opera, Suetonii in morem scripta. *Parisiis, ibid.*, 1586.
In-8, 20 pp. ch. En 1 vol. in-8, vélin.

Très rare.

502. Les Femmes illustres, ou les Harangues héroïques de
Monsieur de Scudéry avec les véritables portraits de ces
héroïnes, tirez des médailles antiques. *A Paris, chez Ant.
de Sommaville et Aug. Courbé*, 1644. In-4, front. et portraits gravés, v. brun, fil.

Cet ouvrage est de Mlle de Scudéry, qui l'a publié sous le nom de son
frère.

503. LES HOMMES ILLUSTRES qui ont paru en France
pendant ce siècle, avec leurs portraits au naturel, par
M. Perrault, de l'Académie françoise. *A Paris, chez Antoine
Dezallier*, 1696. 2 tomes en 1 vol. in-fol., portraits gravés
par Jac. Lubin, Edelinck, etc., v. marbré, fil.

Exemplaire en GRAND PAPIER.

504. TABLES CONTENANS les noms des Provençaux illustres
par leurs actions héroïques et faits militaires, par leur élé-
vation aux grandes dignitez de l'Église, colligées de quan-
tité d'histoires chrétiennes et modernes imprimées ou manuscrites, chartes d'églises, archives, greffes et autres
monuments publics par M. Pierre d'Hozier, conseiller et
généalogiste de Sa Majesté. *A Aix, par Ch. David*, 1677.
In-fol., vélin.

Bel exemplaire d'un livre rare.

505. ÉLOGES des hommes illustres non Bourbonnois, tirés de
divers actes authentiques et des domestiques, etc., par
messire Jean Megret. *A Moulins, chez la veuve Claude
Vernoy*, 1686. In-4, demi-rel. bas.

Livre fort rare, non cité au *Manuel*.

506. Discours véritable sur la mort, funérailles et enterre-
ment de deffunct messire André de Brancas, en son vivant
chevalier seigneur de Villars, etc. *A Rouen, chez Richard
Lallemant*, 1595. In-12, de 124 pp., v. fauve.

Joli exemplaire aux armes de BRANCAS, duc de Villars.

507. La Vie de Madame la duchesse de Montmorency, supé-

rieure de la Visitation de Ste-Marie de Moulins (par Charles Cotolendi, avocat). *A Paris, chez Claude Barbin,* 1684. In-8, portrait, v. marbré.

Exemplaire grand de marges.

508. Histoire des intrigues amoureuses de Molière et de sa femme. *A Francfort, chez Frédéric Arnaud,* 1697. In-12, de 96 pp. ch., bas.

Pamphlet galant, attribué à La Fontaine. (Voy. Barbier, nouv. édition, 1874, t. IIme, col. 424.)

509. Éloge de Jean-Baptiste-François Desmarets, marquis de Maillebois, maréchal de France. *Paris,* 1770. In-8, de 80 pp., mar. rouge, fil. tr. dor.

Exemplaire de DÉDICACE en GRAND PAPIER, avec les armoiries du maréchal DESMARETS, MARQUIS DE MAILLEBOIS, sur les plats de la reliure.

510. Éloge du capitaine Cook, par M. Blanc Gilli, de Marseille. *A Amsterdam, et se trouve à Paris chez Morin,* 1787. In-8, papier fort, mar. rouge, dos orné, fil. tr. dor. (*Rel. anc.*)

511. SIMONIS STAROVOLSCII Scriptorum Polonicorum ekatonta'Σ ; seu centum illustrium Poloniæ scriptorum Elogia et vitæ. *Francforti, sumptibus Jacobi de Zetter* aō 1625. In-4, titre gravé, mar. rouge, fil.

Livre fort rare et recherché.
Exemplaire au chiffre de Nicolas-Claude Fabri de PEIRESC.

10. *Bibliographie.*

512. Advis pour dresser une bibliothèque, présenté à Monseigneur le président de Mesme, par G. Naudé P. *A Paris, chez François Targa,* 1627. In-8, vélin.

Édition originale. Cet exemplaire porte au titre la signature du philosophe Pierre Gassendi, né en 1592 à Chantersier, près de Digne, en Provence.

513. Advis pour dresser une bibliothèque, présenté à Monseigneur le président de Mesme, par G. Naudé P. *A Paris, chez Rolet le Duc,* 1644. — Traicté des plus belles

bibliothèques publiques et particulières, qui ont esté et qui sont à présent dans le monde, divisé en deux parties, composé par le P. Louys Jacob Chalonnois, religieux carme. *A Paris, chez Rolet le Duc,* 1644. 2 parties. 2 ouvrages, reliés en 1 vol. in-8, vélin.

514. LA BIBLIOGRAPHIE POLITIQUE du sieur Naudé contenant les livres et la méthode nécessaires à estudier la politique, avec une lettre de monsieur Grotius et une autre du sieur Haniel sur le même sujet, le tout traduit du latin en françois. *A Paris, chez la veuve de Guillaume Pelé,* 1642. In-8, vélin.

Très rare.

515. Bibliothèque des autheurs qui ont escrit l'histoire et topographie de la France, divisée en deux parties, selon l'ordre des temps et des matières, seconde édition, revue et augmentée de plus de deux cens historiens, par André Du Chesne, géographe du roy. *A Paris, chez Séb. Cramoisy,* 1627. Pet. in-8, v. marbré.

516. BIBLIOTHÈQUE HISTORIQUE de la France, contenant le catalogue des ouvrages, imprimés et manuscrits qui traitent de l'histoire de ce royaume ou qui y ont rapport, avec des notes critiques et historiques, par feu Jacques Lelong, prêtre de l'Oratoire, nouvelle édition augmentée par Fevret de Fontette. *A Paris, de l'impr. de J.-Th. Herissant,* 1768-1778. 5 vol. in-fol., v. marbré.

Bel exemplaire.

517. AUTEURS DÉGUISEZ, sous des noms étrangers, empruntez, supposez, feints à plaisir, chiffrez, renversez, retournez ou changez d'une langue en une autre (par Adrien Baillet). *Paris, Ant. Dezallier,* 1690. In-12, 26 et 615 pp., mar. rouge, fil. (*Rel. anc.*)

Premier ouvrage publié en France sur ce genre de recherches bibliographiques.

518. LEONIS ALLATII Librorum editorum elenchus ad ill. dom. D. Aloysium Lafarina. *Romæ,* 1659. In-8, cart. non rogné.

Rarissime, n'ayant été tiré qu'à dix exemplaires pour être offerts.

519. CATALOGUE des livres du cabinet de feu M. Randon

de Boisset, receveur général des finances. *A Paris, chez de Bure fils aîné*, 1777. In-12, mar. rouge, doublé de papier doré, dos fleurdelisé, fil. tr. dor.

Exemplaire sur PAPIER DE HOLLANDE. Les plats de la reliure portent les armes du COMTE DE PROVENCE (Louis XVIII).

520. Catalogue des livres du cabinet de Monseigneur comte d'Artois. *A Paris, de l'imprimerie de Didot l'aîné*, 1783. In-4, cart. non rogné.

Tiré à très petit nombre.

SUPPLÉMENT

521. HUTTEN. Hvlderichi Huttenis eq. germ. Dialogi. Fortuna. Febris prima. Febris secunda. Trias Romana. Inspicientes. (A la fin :) *Moguntiæ ex officina Libraria Joannis Scheffer mense Aprili, anno* 1520. In-4, de 72 ff. n. ch., v br.,

Un des plus rares ouvrages du célèbre champion de la Réforme. Bien complet.

522. DE LIBERTATE ECCLESIASTICA liber singularis... *S. l.*, 1607. Pet. in-8, mar. vert, fil. tr. dor. (*Derôme ?*)

Cet ouvrage de toute rareté, non cité au *Manuel*, n'a pas été achevé. Au bas de la page 264, la dernière de ce volume, on lit ces lignes (en latin) : *Cet ouvrage entrepris sur l'ordre de plusieurs grands personnages en est resté-là sur l'ordre de Henri IV.* »
Ex-libris de BRANCAS-LAURAGUAIS, collé à l'intérieur. Piq. de vers.

523. L'Idolâtrie huguenote figurée au patron de la vieille payenne, divisée en huit livres et dédiée au Roy tres-chrestien de France et de Navarre Henri IV, par Loys Richeome Prouencal, de la compagnie de Jésus. *A Lyon, chez Pierre Rigaud*, 1608. In-8, titre-front. gravé, vél. fil. tr. dor. (*Armoiries sur les plats.*)

Rare.

524. Instruction de la fille de Calvin démasquée à Messieurs de la religion prétendue réformée avec des lettres en prose et en vers libres, dédié à S. A. R. Madame de Guyse, par le sieur de Rostagny, docteur en médecine et médecin de Son Altesse Royale. *A Paris, chez Claude Barbin*, 1685. In-8, grav., v. gran.

Curieux opuscule en vers. Court de marges.

525. Histoires admirables où les étranges avantures, vertus, vices et misères de plusieurs empereurs, roy, princes, grands seigneurs et autres personnes considérables, sont amplement représentées pour l'instruction et divertissement de toutes sortes de personnes, recueillies de plusieurs célèbres autheurs par le révérend Père Benoist Gonon, célestin de Lyon. *A Paris, chez Claude la Rivière*, 1653. In-8, vélin.

Recueil de récits. Mouillures.

526. Recueil de diverses pièces pour servir à l'histoire (publié par Paul Hay du Chastelet). *S. l.*, 1643. In-4, de 1025 pages, veau. (*Armoiries.*)

Troisième édition, continuée jusqu'en 1643.

527. Ludovici Henrici Lomenii Briennæ comitis Itinerarium. *Parisiis, typis Cramosianis,* 1660. Pet. in-12, de 39 pp., mar. rouge, fil. tr. dor. (*Rel. anc.*)

Première édition de cette relation des premiers voyages du comte de Brienne à travers l'Allemagne, la Hollande, la Scandinavie, la Pologne, l'Autriche et l'Italie. Elle est écrite avec élégance. Qq. coins sup. racc.

528. Lettres anecdotes et mémoires historiques du nonce Visconti, cardinal préconisé, et ministre secret de Pie IV au concile de Trente, dont plusieurs intrigues inouïes se trouvent dans ses relations, par M. Aymon (texte ital. et franç.). *A Amsterdam, chez les frères Wetstein,* 1719. 2 vol. in-12, front., v. gran.

Exemplaire aux armes du chancelier DAGUESSEAU.

529. LA SALADE nouuellemēt imprimée. Laquelle fait mension de tous les pays du monde, et du pays de la Sybille... (par Ant. de La Salle). (A la fin:) *Cy finist ce present liure nouuellemēt imprimé en la Rue sainct iacqs a lēseigne de la Rose Blanche (Paris, Michel Le Noir). Et fut*

acheué le dix huytiesme iour de ianuier (1521). Pet. in-fol. goth. fig. sur bois, parch.

Première édition, extrêmement rare. Les deux figures tirées à part. (ff. 21 et 39) qui manquent presque toujours, ne se trouvent pas non plus dans cet exemplaire, qui possède néanmoins l'arbre généalogique de la maison d'Arragon, en deux feuillets (placés après le f. 58), que le *Manuel* ne mentionne point.

Exemplaire grand de marges, mais tachée.

530. FELICIS MALLEOLI, vulgo **HEMMERLEIN**: Decretorum doctoris iureconsultissimi, De Nobilitate et Rusticitate Dialogus... Eiusdem de Svvitensium ortu: nomine: confederatione: moribus... Eiusdem processus iudiciarius corã deo habitus: inter nobiles et Thuricenses ex una: et Svvitenses partibus ex altera... Eiusdem Epistola nomine Caroli magni ad Fridericũ Tercium Romanorum regem: que de celo eum hortatur: vt de Svvitensibus vindictam sumat... Vixit fœlix iste Malleolus circa *a. d. MCCCCXXXXIIIJ.* — Clarissimi viri juriumque doctoris felicis Hemmerlin cantoris quondam Thuriceñ. Varie oblectationes, opuscula et tractatus. *S. l. n. d.* (Bâle, v. 1496). 2 vol. in-fol. goth., v. fauve, fil. (*Anc. rel.*)

« Deux recueils singuliers et rares », dit Brunet. Le premier volume n'ayant pas été réimprimé est beaucoup plus difficile à trouver que le second, qui est ici également en première édition, avec un index manuscrit, écrit au xv° s.

De la bibliothèque du P. Lair.

Paris. — Typographie G. Chamerot, 19, rue des Saints-Pères. — 9484.